陈总编爱车热线书系

画解劳斯莱斯

揭秘劳斯莱斯汽车独门绝技

精装典藏版

陈新亚　编著

THE
SECRETS
OF
Rolls-Royce

机械工业出版社
CHINA MACHINE PRESS

《画解劳斯莱斯：揭秘劳斯莱斯汽车独门绝技》是一本专为汽车爱好者和汽车行业从业人员编写的精美画册，也是"陈总编爱车热线书系"之一。本书将劳斯莱斯汽车的经典车型和最新技术"一网打尽"，以图解方式介绍劳斯莱斯经典汽车及所拥有的世界顶尖技术、配置和功能等。

《画解劳斯莱斯：揭秘劳斯莱斯汽车独门绝技》主要介绍劳斯莱斯的传奇故事和经典车型，语言通俗，图片丰富，并有许多相关常识介绍，非常适合广大汽车爱好者及汽车行业从业人员阅读使用。

图书在版编目（CIP）数据

画解劳斯莱斯：揭秘劳斯莱斯汽车独门绝技：精装典藏版／陈新亚编著.
—北京：机械工业出版社，2018.5
（陈总编爱车热线书系）
ISBN 978-7-111-59804-6

Ⅰ.①画… Ⅱ.①陈… Ⅲ.①轿车—图解 Ⅳ.①U469.11-64

中国版本图书馆CIP数据核字（2018）第088349号

机械工业出版社（北京市百万庄大街22号 邮政编码100037）
策划编辑：李 军　　责任编辑：李 军
责任校对：王 欣　　责任印制：常天培
北京联兴盛业印刷股份有限公司印刷
2018年6月第1版第1次印刷
184mm×260mm・8印张・2插页・196千字
0001—4000册
标准书号：ISBN 978-7-111-59804-6
定价：79.90元

凡购本书，如有缺页、倒页、脱页，由本社发行部调换

电话服务	网络服务
服务咨询热线：010-88361066	机 工 官 网：www.cmpbook.com
读者购书热线：010-68326294	机 工 官 博：weibo.com/cmp1952
010-88379203	金 书 网：www.golden-book.com
封面无防伪标均为盗版	教育服务网：www.cmpedu.com

前言 FOREWORD

谁是世界最好的汽车

它不是跑得最快的汽车，也不是操控性最好的汽车，甚至不是车内噪声最小的汽车，但它却被誉为世界最著名的超级豪华汽车。它就是劳斯莱斯！

它的主人都是差不多拥有了一切的人，或者是想拥有什么基本上都可以拥有的人。许多人从没坐过甚至没在马路上看见过它，只是听过传说而已，但却对它推崇备至。

劳斯莱斯是世界豪华汽车的标杆，是超级豪华汽车中的顶级品牌。在中国备受尊崇的宾利汽车，如果与劳斯莱斯相比，也总会感觉低半头，因为宾利曾寄养在劳斯莱斯门下60多年。

然而，豪门也有没落的时候。昔日曾被誉为"世界最好汽车"的劳斯莱斯，因经营困难而多次被转卖，如今为了自身生存竟投靠在宝马旗下。从发动机、底盘到车身制造，现在每一辆劳斯莱斯都要完全依靠宝马的直接供养，它早已不敢妄称"世界最好的汽车"了，甚至在市场上被宾利汽车挤压得喘不过气来。但是，劳斯莱斯品牌仍然居于世界超级豪华汽车之巅，目前还看不到有哪个品牌可能超越或取代它。

本书以图解的方式逐款介绍劳斯莱斯汽车，包括与其相关的轶闻趣事等，不仅可以让我们了解劳斯莱斯品牌的传奇故事，更可以从中明白超级豪华汽车的超级之处，让读者真正认识到谁才是世界最好的汽车。

270963083@qq.com

本书作者试驾劳斯莱斯古思特

目 录 CONTENTS

前言
第一章　品牌创立传奇　1
查尔斯·劳斯　1
亨利·莱斯　2
第一辆劳斯莱斯汽车（1904）　4
历史性会面　5
首次亮相（1904）　6
劳斯莱斯公司成立（1906）　6
第二章　幽灵一闪而过　8
40/50HP车型（1907—1925）　8
谁是银灵（1907）　10
从伦敦到爱丁堡（1911）　14
阿尔卑斯雄鹰（1913）　16
世界最好的汽车　19
第三章　造车模式变革　20
传统造车方式（1904—1965）　20
车身厂逐渐消失（1949—1965）　24
第一次世界大战中转产军工（1914—1918）　27
在美国建组装厂（1921—1931）　28
第四章　至尊座驾幻影　30
幻影I（1925—1929）　30
幻影II（1929—1935）　32
幻影III（1936—1941）　36
幻影IV（1950—1956）　40
幻影V（1959—1968）　40
幻影VI（1968—1991）　42
第五章　劳斯莱斯小成员　44
20HP（1922—1929）　44
20/25HP（1929—1936）　46
收购宾利（1931）　48
25/30HP（1936—1938）　50
魅影（1938—1939）　53
第六章　吉祥物与徽标　54
散热器盖上的飞翔女神（1911）　54
徽标字色变黑的讹传（1930）　56
第七章　第二次世界大战后经典车型　58
B系列发动机（1938）　58
银色魅影（1946—1959）　60
冲压钢制车身（1949）　62
银色曙影（1949—1955）　64
银云I（1955—1959）　66
银云II（1959—1962）　68
银云III（1962—1969）　70
第八章　从巅峰滑入低谷　72
银影I（1965—1976）　72
银影II（1977—1980）　74
科尼切（1971—2002）　76
卡玛格（1975—1986）　78
银色精灵（1980—1995）　80
银刺（1980—1998）　80
飞驰（1994—1995）　82
银天使（1998—2002）　83
第九章　品牌抢购风波　84
半路上杀出个"程咬金"　84
使出杀手锏要挟对手　84
品牌与工厂"骨肉分离"　86
第十章　新世纪新车型　88
幻影VII（2003—2017）　89
新幻影VIII（2017—）　90
古思特I（2009—2014）　92
古思特II（2014—）　94
魅影（2013—）　96
曜影（2015—）　98
第十一章　概念车和定制车　100
VISION NEXT 100概念车（2016）　100
慧影定制车（2017）　102
幻影电动试验车（2011）　105
第十二章　设计与制造工艺　106
劳斯莱斯汽车设计特点　106
只用最柔软的健壮公牛皮　110
每辆车的木饰只用同一棵树加工　113
幻影采用铝合金车身架构　116
7天才能完成一个喷漆流程　118
按航空制造工艺打造发动机　120
生产线每天只走几米　121
为客户量身定制个性劳斯莱斯　123

Chapter 1　Brand Legend
第一章　品牌创立传奇

　　劳斯莱斯（Rolls-Royce）名称是由劳斯莱斯公司两位创始人的姓氏组成的，Rolls 是指查尔斯·劳斯（Charles Rolls），而 Royce 则是指亨利·莱斯（Henry Royce）。本应将 Rolls-Royce 译为罗尔斯－罗伊斯，但这也是英国著名飞机发动机公司的名字，我们上下民航飞机时很容易见到 Rolls-Royce 商标。为了区别二者，人们就将 Rolls-Royce 汽车品牌称为劳斯莱斯。

　　飞机发动机品牌罗尔斯－罗伊斯，与豪华汽车品牌劳斯莱斯，原来同属一家公司，后来被拆分成两家公司，但至今仍使用同一标志和名称。

查尔斯·劳斯
Charles Rolls

查尔斯·劳斯（1877—1910）

劳斯莱斯品牌标志

　　查尔斯·斯图尔特·劳斯（Charles Stewart Rolls）生长在一个贵族家庭，是家中的第三个孩子。劳斯于 1877 年出生，并且在英国著名的贵族学校伊顿公学就学，后来又到剑桥大学学习工程专业。当他从剑桥大学毕业时，他已成为一位狂热的汽车迷——当时大多数人认为汽车只不过是昙花一现的时髦物件而已，而他却非常看好汽车的前景。

　　劳斯既是一位精明的商人，又是一位天才的工程师，同时他还是一位勇猛的赛车手。他参与自行车赛、摩托车赛及汽车赛。他于 1903 年曾驾驶一辆莫里斯 30HP 在都柏林打破世界陆上速度纪录，但由于对测速方式存在争议而不被承认。

　　劳斯提倡应加强汽车在军事中的作用，后来他又成为航空行业的先锋。不论先是在热气球业，还是后来在飞机领域，他都是当时英国航空业的先驱。他参与创建的罗尔斯—罗伊斯公司至今仍是世界三大航空发动机公司之一。但最后让我们知道

查尔斯·劳斯驾驶劳斯莱斯汽车

他名字的还是在汽车业。

劳斯发现自己很有汽车销售天分，他先是在伦敦布鲁克大街开设了一家汽车展销店，后来又搬迁到康杜特大街，并在1902年成立以自己名字命名的公司——C.S.劳斯公司，专门从事汽车销售。当时劳斯公司只销售进口汽车，因为劳斯根本看不上英国自己制造的汽车，担心因质量和性能不好而引起纠纷。

公司成立后，为了扩展业务，劳斯说服他的朋友克劳德·约翰逊（Claude Johnson）辞去英国汽车俱乐部（今天皇家汽车俱乐部的前身，简称RAC）秘书长职务，加入到劳斯的汽车销售事业中来。请读者先记着克劳德·约翰逊这个名字，他是劳斯莱斯品牌创立中除"双R"之外的第三位重要人物。

亨利·莱斯
Henry Royce

弗雷德里克·亨利·莱斯（Frederick Henry Royce）于1863年出生，他比劳斯大14岁。他是父母五个孩子中最小的孩子。他的家庭并不富裕，加上家里孩子多，因此日子过得有点紧。为了贴补家用，莱斯就跑到伦敦去卖报纸，后来又为邮局送电报，由报童转行为送电报员。由于他负责的送电报区域包括劳斯家的住地，因此莱斯在1877年劳斯出生时，很可能给劳斯的父母送过亲朋好友的祝贺电报。

后来莱斯在姑妈的帮助下，进入大北铁路工厂当学徒工，在那里他受到了许多杰出工程师的影响，学会了怎样做机械手工，怎样使用

10HP（1904—1906）

这是第一辆劳斯莱斯汽车，采用1995毫升排量的2缸发动机，在转速1000转/分时输出最大功率估计为12马力（约8.9千瓦），最高车速63千米/时。生产数量：10辆。

第一章 品牌创立传奇

亨利·莱斯（1863—1933）

1904年劳斯莱斯汽车 10HP

1904年第一辆劳斯莱斯汽车：10HP两缸车型

机械工具和机床，并在夜晚自学数学、法语和电气等课程。这时他在工程方面的天分开始显现出来，他自学的知识帮助他在伦敦的电灯电气公司找到了一份不错的工作。但毕竟不是科班出身，莱斯为了提高专业技能，他继续在伦敦的夜校学习。他的老板非常赏识莱斯的才能，就派他到利物浦分公司担当重要工作，当时莱斯年仅19岁。虽然莱斯非常有才能，工作也很努力，但他所在的公司后来关门了，他也随即失业了。

1884年，莱斯21岁，他与朋友克莱尔蒙特合伙成立了自己的公司，称为F.H.莱斯公司，地址在曼彻斯特的库克大街。公司的经营业务主要是制造些小电器，如门铃、灯泡座、开关、熔丝等，后来又增加一些相对复杂点的电器，如测量仪表、配电盘等。

随着公司业务的发展，他们又在曼彻斯特的特拉福德大街建立了铸造厂，但库克大街的小作坊依然保留着。在此期间，莱斯还要抽出时间与公司的投资人阿尔弗雷德的女儿谈恋爱、结婚。

1894年，莱斯公司上市，公司名字也改为莱斯有限公司。业务也从门铃制造拓展到电动机和电动起重机制造。他们还开发出无火花式电机，并改进供电系统，推广三相交流电的应用。至此，莱斯不仅成长为电气工程师，而且公司运营良好，因此也渐渐富裕起来。

第一辆劳斯莱斯汽车（1904）
The First Rolls-Royce Car

相对德国、法国而言，英国的汽车工业在起步阶段是比较落后的，在进入新世纪的头几年，英国还没有值得人们信赖的汽车，有钱人都购买进口汽车。当时莱斯比较喜欢法国汽车，他本有一辆法国 De Dion 牌汽车，后来又买了一辆法国德科维尔（Decauville）牌汽车。这辆德科维尔汽车采用 2 缸 10 马力（约 7.46 千瓦）发动机，但它的结构设计和制作工艺都较差，莱斯对它并不太满意，于是就想改造它。莱斯本身是个电气工程师，因此他最想改进它那极不可靠的电气系统。

莱斯在改进德科维尔汽车的过程中感觉很麻烦，最后认为，与其改造它，还不如自己制造一款性能更好更可靠的汽车呢。于是他利用德科维尔汽车的基础设计，在库克大街的作坊中开始他的造车计划。

莱斯最初配备的发动机只有两个气缸，排量接近 2.0 升，但创新性地采用顶置进气门及侧置排气门设计，此技术在后来的劳斯莱斯汽车上仍然采用，并在数十年后才被更

1904年劳斯莱斯 10HP

第一章　品牌创立传奇

1904年劳斯莱斯10HP

历史性会面
Historic Meeting

一直寻找英国最好汽车的劳斯听到消息后不敢怠慢,立即坐火车从伦敦赶往曼彻斯特。他只观看那辆 10HP 的莱斯汽车几分钟,就知道发现了金矿。随后劳斯又试驾了莱斯 10HP 汽车,感觉非常满意,于是他们就在曼彻斯特的米德兰德酒店正式会面,商谈进一步的合作计划。

这是劳斯与莱斯的第一次正式见面,虽然两人相差 14 岁,但相见恨晚。其实劳斯与莱斯两人的出身背景有很大不同,年轻的劳斯是贵族出身,上过伊顿公学与剑桥大学;年长的莱斯则是贫苦人家出身,做过报童和送电报员,只上过夜校,但他们都是才华横溢的创业者,都懂得办企业及技术,更重要的是在打造高品质汽车这件事上,两人一拍即合,并且很顺利地达成协议——莱斯制造的汽车全部由劳斯销售,但汽车上要镶嵌以两人姓氏组合而成的徽标,即"劳斯莱斯"(Rolls-Royce)。

劳斯回到伦敦后高兴地对克劳德·约翰逊说:"我遇到了世界上最好的工程师。"而莱斯则认为,劳斯不仅真正懂车,与自己的造车理念不谋而合,而且还是一位不可多得的销售奇才。

先进的气门设计技术所替代。

莱斯在造车之初就立志要采用最好的材料,离合器为圆锥形,配 3 速手动变速器,只有后部装有制动系统,并且是装置在后传动轴上而不是后轮上。1904 年 4 月 1 日,莱斯驾驶第一辆莱斯汽车行驶了 15 英里(1 英里≈1.6 千米),感觉非常满意。第一款莱斯汽车的最终成本是 138 英镑。

取得成功后,莱斯迅速又制作了另外两辆汽车,并且有了不少改进,但基本设计并没有改变。其中第二辆莱斯汽车归莱斯公司的合伙人克莱尔蒙特(Claremont)所有,而莱斯的朋友埃德蒙兹(Edmunds)则成了第三辆莱斯汽车的主人。

埃德蒙兹也是一个汽车迷,并且也是当时英国电气工业的先驱,他在无意间也成了劳斯莱斯品牌的"红娘"。因为他向朋友克劳德·约翰逊吹嘘自己的莱斯汽车如何如何棒,而这位克劳德·约翰逊正是前面提到的辞去英国汽车俱乐部秘书长职务而跟随劳斯的人。敏锐的克劳德·约翰逊很快就将这条信息传递到劳斯的耳朵中——在曼彻斯特的库克大街上,有一家公司制造的 2 缸发动机汽车,可能是英国制造的最好的汽车!

劳斯与莱斯在曼彻斯特的米德兰德酒店进行首次会面。

首次亮相（1904）
First Show

1905—1906年劳斯莱斯 15HP

劳斯提倡多气缸战略，他相信莱斯能做到。他要莱斯制造2缸、3缸、4缸、6缸发动机的汽车，这样可以尽可能多地共用发动机部件，以此降低制造成本。莱斯据此就制造出2缸的10HP汽车、3缸的15HP汽车、4缸的20HP汽车以及6缸的30HP汽车。但其中最成功的是4缸车型，而2缸和3缸车型逐渐被淘汰。

1904年12月，劳斯莱斯汽车在巴黎车展上第一次向国际市场亮相，当时展出的有2缸、3缸及4缸车型。这些汽车以高超的设计水平、精美的工程质量，惊艳巴黎车展。

1905年，劳斯驾驶劳斯莱斯20HP汽车参加比赛，在旅游杯（Tourist Trophy）赛中虽然劳斯因变速器故障而退出比赛，但车队的另一位车手却获得了亚军。基于这次比赛的经验，莱斯决定推出一款轻量化的车型参加1906年的比赛，他将汽车的轴距和轮距都缩小，并在底盘上钻孔以减轻车身重量。劳斯驾驶这辆"轻20HP"赛车参加比赛并赢得了胜利，他们随之便将这次胜利转变成销售增长数字。

劳斯莱斯公司成立（1906）
Rolls-Royce Ltd

请注意，虽然劳斯莱斯牌汽车在1904年就已推出，并参加了比赛，销售也不错，但一开始是由莱斯公司制造、劳斯公司销售。直到1906年，他们才决定将两家公司合并，重新登记注册成立一家新的公司，并将公司命名为劳斯莱斯有限公司（Rolls-Royce Ltd），业务范围包括制造和销售陆上、水上和空中使用的机动车辆。

新公司的总经理由原来劳斯公司的克劳德·约翰逊担当，他在劳斯莱斯公司的地位和作用仅次于劳斯和莱斯，因此人们将其称为是Rolls-Royce中的连字符。

20HP（1905—1906）

劳斯莱斯20HP型采用4118毫升排量的直列4缸发动机，在转速1000转/分时输出最大功率为20马力（约14.9千瓦），最高车速84千米/时。生产数量：50辆。

第一章　品牌创立传奇

30HP（1905—1906）

劳斯莱斯30HP型采用6117毫升排量的直列6缸发动机，在转速1000转/分时输出最大功率为30马力（约22.4千瓦），最高车速接近88.5千米/时。生产数量：37辆。

1905—1906年劳斯莱斯 30HP

手机扫一扫，即可观看劳斯莱斯历史故事视频

1905—1906年劳斯莱斯 20HP

Chapter 2 Silver Ghost
第二章　幽灵一闪而过

　　劳斯莱斯汽车历史上最著名的车型当是 Silver Ghost，中文名称有银色幽灵（简称银灵）、银魂、银魅等。它是确立劳斯莱斯在世界车坛至尊地位的最主要车型。或者说，正是银灵才使得劳斯莱斯曾被誉为"世界最好的汽车"。

40/50HP 车型（1907—1925）

　　早期的劳斯莱斯曾推出一款 8 缸发动机车型，但很快就被放弃了，因为一款 6 缸发动机的加长底盘车型更受欢迎，这就是大名鼎鼎的 40/50HP。

　　第一辆 40/50HP 于 1906 年 11 月亮相于伦敦的奥林匹亚汽车展，其实它还只是个带动力的底盘，因为当时劳斯莱斯只制造底盘，而剩下的车身和内饰等则交由专业的车身厂去完成。这款底盘编号 40/50HP，车展观众

1907年劳斯莱斯 银色幽灵

第二章 幽灵一闪而过

曲轴摩擦是困扰多缸发动机运转的一个恶魔,是当时最大的发动机技术难题之一,而劳斯莱斯攻克了这个难题。

1907年劳斯莱斯 银色幽灵

可以清楚地看到40/50HP的机械结构。它装备的7升6缸直列发动机后来被誉为里程碑式的发动机,因为劳斯莱斯在这台发动机上大大地减小了曲轴摩擦,可以使发动机很平静地运转。当时曲轴摩擦是困扰多缸发动机运转的一个恶魔,是当时最大的发动机技术难题之一。

发动机动力通过4速手动变速器及传动轴传向后轮,而看似非常复杂的悬架结构可以保证车内乘员拥有较高水平的舒适性。

第一辆40/50HP于1907年4月上市后,立时引起轰动,并很快流行起来。这款车行驶平顺、安静,操控灵活,而且可靠性高。

1907年劳斯莱斯 银色幽灵

手机扫一扫,即可观看一辆1914年款劳斯莱斯银灵经典车视频

1907年劳斯莱斯 银色幽灵

| 画解劳斯莱斯 | 揭秘劳斯莱斯汽车独门绝技　精装典藏版 |

手机扫一扫,即可观看一辆1912年劳斯莱斯银灵的起动步骤视频

Who is the Silver Ghost

谁是银灵(1907)

1907年劳斯莱斯 银色幽灵

为了向公众更好地展示40/50HP的高超性能,劳斯莱斯公司总经理克劳德·约翰逊有一个主意,他要改造公司生产的第12辆40/50HP汽车,将其变成一辆极具吸引力的展示车。克劳德·约翰逊想将这辆40/50HP打造成一辆敞篷车型,并委托当时英国著名的豪华车身制造商巴克(Barker)公司来精心打造。车身外表采用铝板覆盖,并喷上银色漆,还将散热器罩、前照灯罩、后视镜和车窗框等金属件进行镀

第二章 幽灵一闪而过

1907年劳斯莱斯 银色幽灵40/50HP

镍或镀铜，使整个汽车看起来银光闪闪。最终此车的制造成本高达1300英镑。

1907年5月，在英国皇家汽车俱乐部（Royal Automobile Club，简称RAC）的见证下，克劳德·约翰逊驾驶他的银色40/50HP汽车进行了一次2000英里（约3219千米）的可靠性试验，平均油耗20.86英里/加仑（1英制加仑=4.546升），全程没有出现任何机械故障，而且只使用最高档位。

在同步器还没装备到汽车上的时代，换档操作非常困难，因此如果某汽车能够极少换档而完成长途驾驶，自然是这款车在当时很大的卖点。英国著名汽车杂志《Top Gear》及电视节目Top Gear 的名字就来源于此。

后来这辆银色40/50HP汽车又在英国完成了长达14371英里（约23128千米）的几乎无停顿行驶的可靠性测试，其中包括在伦敦与格拉斯哥之间来回行驶27次。劳斯莱斯之所以要进行这样的测试表演，目的是为了提高劳斯莱斯汽车的声誉。但这也冒了很大的风险，因为当时汽车的可靠性并不高，而且道路条件较差，万一抛锚半路将成为笑柄。最后这辆银色40/50HP汽车出色地完成了超长距离测试，并因此获得了皇家汽车俱乐部颁发的金牌。

据说这辆银光闪闪的40/50HP汽车运行时噪声极小，行驶在乡间的林荫大道上时，人们仿佛感觉一个银色的幽灵从眼前一闪而过，于是，媒体就称此车为银色幽灵（Silver Ghost，简称银灵）。这个名字既指它的车身颜色，也体现了它的发动机性能。后来英国媒体又将劳斯莱斯所有40/50HP型号的汽车统称为银灵。

银灵这个称呼起初只限于媒体，并没得到劳斯莱斯的官方认可，官方一直称其为40/50HP型。直到1925年，当劳斯莱斯推出新车型幻影（Phantom）时，为了让新款车型与老款车型容易区别，才将40/50HP车型正式"追认"为银灵。

综上所述，"银灵"称号有两个一意思：

一是特指那辆银光闪闪并完成23128千米可靠性测试的40/50HP汽车（底盘编号60551，牌照号 AX 201）。

二是泛指1907—1926年劳斯莱斯生产的所有40/50HP型号汽车。

劳斯莱斯银色幽灵（简称银灵，别名 40/50HP）

- 生产时间：1906—1926年
- 总生产量：7874辆
- 发 动 机：直列6缸
- 排　　量：7036毫升（1906—1910）
- 　　　　　7428毫升（1910—1926）
- 变 速 器：3速手动（1909—1913）
- 　　　　　4速手动（1913—1926）
- 轴　　距：3442毫米（1906—1913）
- 　　　　　3645毫米（1913—1923）
- 　　　　　3823毫米（1923—1926）
- 前续车型：劳斯莱斯30HP
- 后继车型：幻影I

1907年劳斯莱斯 银色幽灵

1911年劳斯莱斯 银灵40/50 HP

第二章　幽灵一闪而过

1910年劳斯莱斯 银色幽灵（Croall & Croall车身）

1910年劳斯莱斯 银色幽灵

1910年劳斯莱斯 银色幽灵

Do You Know？

查尔斯·劳斯英年早逝

随着银色幽灵的名声越来越大，劳斯莱斯汽车公司的运营也渐入佳境，而查尔斯·劳斯此时对汽车比赛的兴趣却逐渐减小，转而对飞行训练越来越感兴趣。他成为双向飞越英吉利海峡的第一人，同时他也是因飞行事故而丧生的第一位英国人。查尔斯·劳斯在1910年7月12日的伯恩茅斯航空展览上因飞行事故而丧生，当时他才32岁。虽然他与劳斯莱斯品牌只相伴6年，但查尔斯·劳斯为劳斯莱斯品牌指明并奠定了发展方向，并带来了经营天才克劳德·约翰逊，把自己的名字永远雕刻在世界最豪华品牌汽车之上。

从伦敦到爱丁堡（1911）
From London to Edinburgh

1911年，劳斯莱斯遇到了一个巨大挑战。英国另一家豪华汽车制造商奈培（Napier）向劳斯莱斯下战书，要从伦敦出发跑到爱丁堡，然后在布鲁克兰兹以不换档的形式（也就是一直使用最高档位）高速行驶，前半程比赛油耗，后半程比赛速度。奈培公司与劳斯莱斯公司非常近似，都是不仅制造豪华轿车，而且也都生产航空发动机以及快艇用发动机。劳斯莱斯不甘示弱，积极应战，因为这也正好是提升自己名声的好机会。

40/50HP当仁不让地成为参战选手。劳斯莱斯为此将参与挑战的车型进行了改进，将7428毫升排量发动机的压缩比提高到3.5∶1，并更换为更大腔的化油器，从而使发动机最大功率达到58马力（约43千瓦）。同时也对底盘进行了轻量化改进，改进了后悬架结构，并第一次采用一个锥形发动机盖。这款改进后的40/50HP，也可以称其为银灵40/50HP，它的底盘编号为1701。

有意思的是，比赛规定，必须全程只使用最高档（Top Gear），不论行驶在什么路况都不准降低档位。此次比赛总行程794英里（约1278千米）。

在伦敦至爱丁堡行驶时，银灵40/50HP的平均油耗为18.7升/100千米，并在布鲁克兰兹跑出125.8千米/时的最高速度。而65马力（约48.5千瓦）的奈培汽车，这两个数据分别为23.5升及123千米/时。劳斯莱斯银灵40/50HP获得全胜。

取得伦敦—爱丁堡Top Gear挑战赛胜利的40/50HP（底盘编号1701）和车手

第二章 幽灵一闪而过

手机扫一扫，即可观看劳斯莱斯伦敦至爱丁堡视频

2011年，为了纪念劳斯莱斯在1911年伦敦至爱丁堡Top Gear挑战赛中取得辉煌胜利100周年，劳斯莱斯又组织了一次伦敦至爱丁堡Top Gear挑战赛，只不过这次参加的都是银灵老爷车。

阿尔卑斯雄鹰（1913）
Alpine Eagles

1912年，曾有一位劳斯莱斯40/50HP的车主以个人名义参加了阿尔卑斯挑战之旅（Great Alpine Trial）。他近乎完美地跑完了比赛，但在爬一个陡坡时，因变速器只有3个前进档位，最低档位还不够"低"，低转速时转矩较小，导致必须从车上下来两个人才吃力地爬上了陡坡。亨利·莱斯知道这个事后很是不高兴，于是决定组队参加1913年的阿尔卑斯挑战之旅。亨利·莱斯将汽车离地间隙提高，增大发动机散热器容积，并将变速器改为4个前进档位。最终4辆劳斯莱斯汽车都领先对手到达终点。后来将这些劳斯莱斯40/50HP称为阿尔卑斯雄鹰。

1913年劳斯莱斯 银灵40/50HP（Barker车身）

第二章 幽灵一闪而过

劳斯莱斯汽车宣传海报

1923年劳斯莱斯 银灵40/50 HP

第二章 幽灵一闪而过

世界最好的汽车
The Best Car in The World

通过在1911—1913年间参加数次汽车比赛，劳斯莱斯声名鹊起，一时间成为性能最好的汽车之一。劳斯莱斯公司的总经理克劳德·约翰逊借此机会，积极推广这款配备6缸发动机的40/50HP银灵，他为此打出的广告语是："6缸劳斯莱斯，不是最好之一，而是世界最好"（the six cylinder Rolls-Royce, not one of the best, but the best car in the world），后来干脆以"世界最好汽车"（the best car in the world）的名义宣传劳斯莱斯汽车。

经典的银灵坚持生产了18年。它采用直列6缸发动机，起初的排量为7036毫升，1909年又扩容到7428毫升，在转速1250转/分时输出最大功率为48马力（约35.8千瓦），生产数量为6173辆。

1923年劳斯莱斯 银灵40/50 HP

Chapter 3 Production pattern
第三章 造车模式变革

作为超级豪华汽车代表的劳斯莱斯汽车，在创立后的半个世纪内，都一直采用定制式生产方式，也就是由专业车身厂负责设计和打造车身，而且是像制造马车那样采用木框架上覆盖金属板的方式来手工打造车身，劳斯莱斯只负责生产带动力的底盘。直到1949年劳斯莱斯才开始推出冲压钢制车身的车型。

传统造车方式（1904—1965）
Traditional Way of Making Cars

在早期的欧洲，豪华汽车的生产方式很特别，所谓的汽车制造厂家只生产动力底盘，底盘上装有发动机、变速器、传动系统、转向系统、制动系统，也就是"可行走的底盘"，然后再由独立的专业车身厂根据买主的个人需求，包括车身大小、造型、配置等，完成剩余的汽车制造工作。这个过程一般需要数周甚至数月，买主才能提到完整的汽车。

劳斯莱斯也不例外，它从1904年制造汽车开始，一直到第二次世界大战爆发前，都是只生产"可行走的底盘"。如果有人想买一辆劳斯莱斯，其购车过程一般是这样的：

第一步，买主先到劳斯莱斯位于伦敦康杜特大街的销售店订购一个劳斯莱斯动力底盘，并得到一个或数个车身厂的推荐。

第二步，买主与推荐的车身厂洽谈，告

第三章 造车模式变革

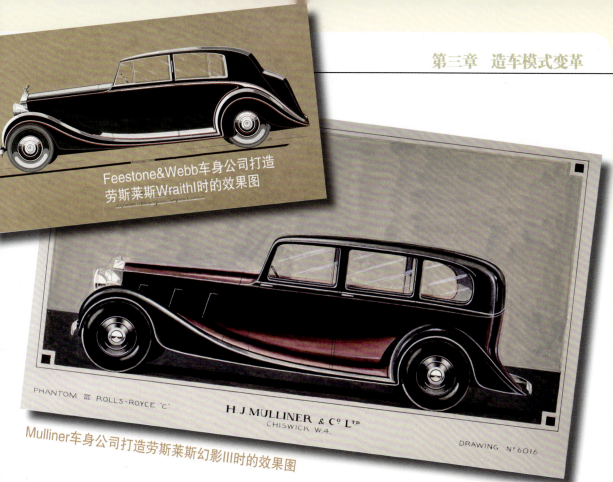

Feestone&Webb车身公司打造劳斯莱斯WraithI时的效果图

Mulliner车身公司打造劳斯莱斯幻影III时的效果图

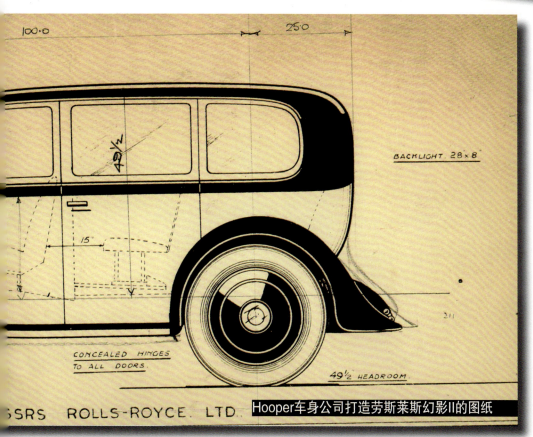

Hooper车身公司打造劳斯莱斯幻影II的图纸

专业车身制造工厂的制造车间

1930年劳斯莱斯幻影II

第三章 造车模式变革

诉他所想要的车身造型和大小尺寸、各种配置、价格等,确认后下单定制车身。

第三步,车身制作完成后,劳斯莱斯要对车身及整车性能有个最低标准的检验,确认质量和性能符合买主要求后,即可最后交货提车。

因此,虽然购买的同是劳斯莱斯的某个型号汽车,但车身大小及造型可能并不一样,因为不同车身厂的造型风格可能不一样,买主的个人需求更是五花八门,但这些汽车的发动机、底盘都是一样的。

那时的专业车身厂,许多原来都是制造马车的,因此早期的汽车车身结构也都是类似马车的木结构,后来在木结构上覆盖以铝和钢等金属板,这些当然都是靠手工打造的,并且要严格按照买主的个性要求精心打造,否则就可能因不符合要求而拆毁重做。

ker车身公司打造劳斯莱斯幻影I的图纸

Park Ward车身公司打造劳斯莱斯20/25HP的图纸

Park Ward车身公司打造幻影IV和魅影时所画的效果图

车身厂逐渐消失（1949—1965）
Coachbuilders Graduate Away

手机扫一扫，即可观看
劳斯莱斯主要车型视频

第一辆采用冲压钢制车身的劳斯莱斯车型——1949年款银色曜影

第三章 造车模式变革

原来在英国就有1000多家这样的车身厂,但后来随着竞争加剧,到1926年伦敦车展时,只剩下63家参展。到第二次世界大战前的1938年伦敦车展,只剩下25家车身厂参展了。

1949年,劳斯莱斯开始使用全钢车身,就此宣告独立的车身厂即将消失。许多车身厂只好转行或被人收购,劳斯莱斯也收购了两家专业车身厂,并开始自己制造车身,这样买主就可以直接从劳斯莱斯购买并提到完整的汽车了。

但此时劳斯莱斯汽车的车身与底盘仍是独立且分别制造的,直到1965年,劳斯莱斯才制造出第一个整体式车身,或称承载式车身,这就是银影(Silver Shadow)。它的底盘与车身不再明显独立分开制造,这也彻底宣告了专业车身厂时代的终结。

1927年劳斯莱斯 幻影I(Hooper车身)

第一辆采用整体式车身制造的劳斯莱斯车型——1965年银影I

第三章 造车模式变革

1914—1918年劳斯莱斯装甲车辆

Rolls-Royce and the First World War

第一次世界大战中转产军工
（1914—1918）

英国在1914年卷入第一次世界大战时，劳斯莱斯工厂被要求尽力制造飞机发动机。公司于是决定设计自己的航空发动机，并将它们以捕食动物的名字命名，如鹰、猎鹰和秃鹫。没过多久，劳斯莱斯的航空发动机就与劳斯莱斯汽车一样出名，甚至更有名气。

为了区别劳斯莱斯公司的汽车品牌与航空发动机品牌，我们通常将其航空发动机品牌称为"罗尔斯－罗伊斯"，但其英文原名都是Rolls-Royce。

第一次世界大战中劳斯莱斯的许多汽车底盘被迫停止生产，战时办公室要求他们制造装甲车辆、指挥车及救护车等。劳斯莱斯制造的装甲车辆取得较大成功，以至于到第二次世界大战时仍在使用。

1914—1918年劳斯莱斯制造的装甲车辆

American Factory Opened
在美国建组装厂
（1921—1931）

　　1921年，劳斯莱斯在美国的马萨诸塞州建立一个工厂，这主要是为了避开高达45%的关税。此厂专门生产美国版的40/50HP车型，但后来受华尔街金融危机的影响，美国工厂于1931年关闭，在此期间共生产了2944辆劳斯莱斯汽车。

1926年劳斯莱斯 银灵40/50 HP

第三章 造车模式变革

1926年劳斯莱斯 银灵40/50 HP（Brewster车身）

> **Do You Know ?**
> **在法国建测试中心**
>
> 　　1924年，劳斯莱斯公司在法国巴黎南250千米处的夏托纳夫，建立起劳斯莱斯的测试中心。之所以选择在法国而不是在英国建测试中心，是因为克劳德·约翰逊认为法国的警察比英国的警察更和善些，而且可以提供更长、更空旷的道路条件。在测试中心，试车手要驾驶汽车进行多种复杂道路及高速公路的测试，以改进汽车的悬架、制动及操控性能。

1922年劳斯莱斯 银灵40/50 HP

Chapter 4 Phantom
第四章　至尊座驾幻影

自1925年推出幻影（Phantom）以来，幻影一直是劳斯莱斯的旗舰车型，它一直是劳斯莱斯顶尖先进技术的代表。幻影一直是量产超级豪华汽车中的标杆，是世界车坛上一座难以逾越的豪华顶峰。

幻影Ⅰ（1925—1929）
Phantom Ⅰ

到1925年，曾创辉煌的银灵（Silver Ghost）汽车的底盘已显得落后，毕竟是1906年设计的老底盘，但新一代的底盘一时还没设计出来，劳斯莱斯只是将新发动机装置在老底盘上，并命名为新幻影（New Phantom）。当1929年推出幻影Ⅱ时才将新

1926年劳斯莱斯 幻影Ⅰ（Charles Clark & Son车身）

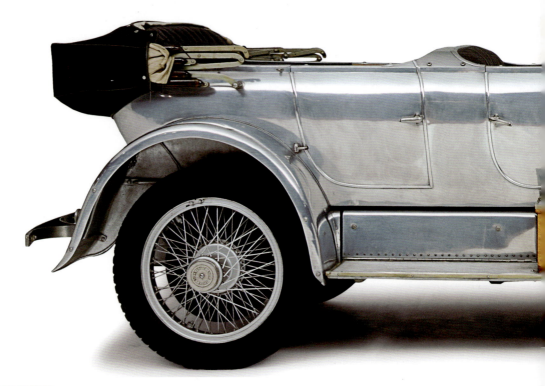

第四章 至尊座驾幻影

幻影改称为幻影I。

幻影I是在高度保密的情况下开发的,项目代号为"东方装甲车"(Eastern Armoured Car)。这表明了劳斯莱斯汽车打算生产用于第一次世界大战的军用车辆。当时还通过在工厂周围散放装甲板部件迷惑竞争者。新幻影采用6缸顶置气门发动机,虽然结构与此前20HP的发动机近似,但排量增加了两倍多,达到7668毫升,转速在2300转/分时可以输出108马力(约79千瓦)的最大功率,最高车速为137千米/时。

幻影I在英国及美国一个新工厂同时制造,总计生产数量为3514辆。

1927年劳斯莱斯 幻影I(Hooper车身)

手机扫一扫,即可观看劳斯莱斯幻影I车型视频

1926年劳斯莱斯 幻影I(Barker车身)

幻影 II（1929—1935）
Phantom II

1929年，劳斯莱斯将20HP和幻影I都进行了升级换代。幻影II仍采用7.6升排量的直列6缸发动机，但它拥有一个改进后的底盘。悬架弹簧改进成半椭圆形，并且底盘变低了，后排乘员的脚可以伸到前排座位下面，这极大地提高了后排的舒适性。

1929年劳斯莱斯 幻影II
（Charles Clark & Son车身）

1930年劳斯莱斯 幻影II

第四章 至尊座驾幻影

1930年劳斯莱斯幻影Ⅱ（Hooper车身）

劳斯莱斯仍然只制造底盘和机械部分,而车身则由专业车身厂打造。这些车身厂主要是帕克沃德(Park Ward)、Thrupp & Maberly、Mulliner、Carlton、Henley 和 Hooper 等。

在幻影 I 推出 4 年后就推出了幻影 II,这极大地提高了劳斯莱斯汽车的竞争力。相对当时的主要竞争对手别克(Buick)及阳光(Sunbeam),劳斯莱斯拥有较大的竞争优势。

由帕克沃德打造车身的幻影 II 可以达到 148.5 千米/时的最高车速。幻影 II 生产数量为右舵车型 1555 辆,左舵车型 125 辆。

1933年劳斯莱斯 幻影 II(Rippon Brothers车身)

1934年劳斯莱斯 幻影 II(Park Ward车身)

第四章　至尊座驾幻影

1932年劳斯莱斯 幻影Ⅱ（Hooper车身）

由帕克沃德（Park Ward）打造车身的幻影Ⅱ，可以达到148.5千米/时的最高车速。

幻影 III
（1936—1941）
Phantom III

幻影 III 是第一辆采用 V12 发动机的劳斯莱斯汽车，其发动机排量为 7340 毫升，两列气缸呈 60°夹角。

幻影 III 采用 4 速手动变速器，并在 2、3、4 档位上装有同步器，以便轻松换档。

四个车轮上的制动系统也开始采用伺服助力系统，使踩制动踏板更轻松。

据 1938 年英国汽车杂志《Autocar》对由帕克沃德打造的加长豪华车型进行的测试，

1937年劳斯莱斯 幻影 III
（Thrupp & Maberly 车身）

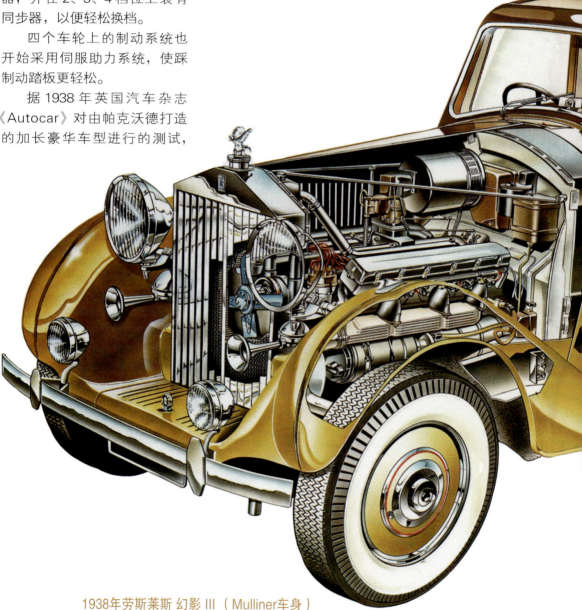

1938年劳斯莱斯 幻影 III（Mulliner车身）

第四章　至尊座驾幻影

1937年劳斯莱斯 幻影 III
（Barker车身）

1937年劳斯莱斯 幻影 III（Vanden Plas车身）

1937年劳斯莱斯 幻影 III

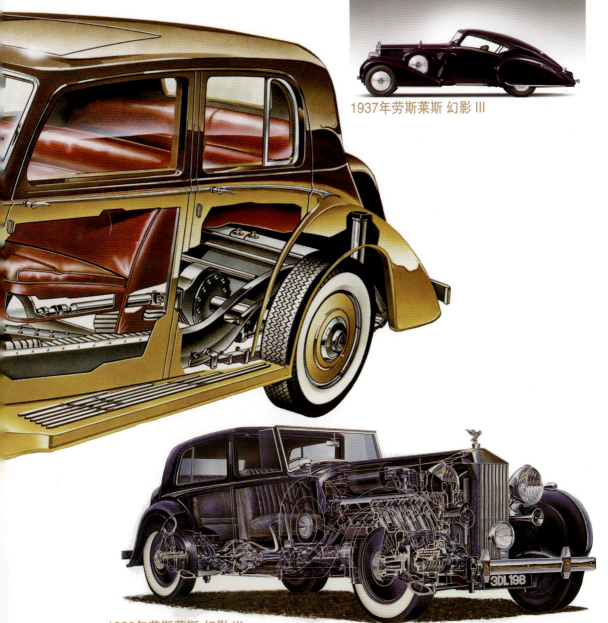

1936年劳斯莱斯 幻影 III

其最高车速达到140千米/时，0—96.6千米/时加速时间为16.8秒，其综合油耗为28升/100千米。

第三代劳斯莱斯幻影，成为亨利·莱斯爵士生前最后一个项目。他于1933年70岁时辞世，当时这款幻影的开发已进入第12个月。最终车型于两年后面世，并于1936年开始生产，一直持续到第二次世界大战。第三代劳斯莱斯幻影车型的最后一部底盘于1941年出厂，但由于战争原因而中止生产，直到战后的1947年才继续生产。幻影III生产总数量为727辆。

1938年劳斯莱斯 幻影III（Park Ward车身）

第四章　至尊座驾幻影

1937年劳斯莱斯 幻影 III（Barker车身）

1938年劳斯莱斯 幻影 III（Park Ward车身）

幻影 IV
(1950—1956)
Phantom IV

1950 年，第四代劳斯莱斯幻影问世。这辆车最初是为菲利普王子（Prince Philip）和当时的伊丽莎白公主（Princess Elizabeth）量身打造的孤品车，在其面世之后，劳斯莱斯汽车又为其他国家的皇室家族和元首，专门定做了 17 辆第四代劳斯莱斯幻影车型。

该车配备直列 8 缸发动机，采用革命性的全新传动装置，在低速行驶时拥有卓越的表现使其成为游行仪式的必备要素，车头标志性的飞翔女神当时采取的是跪姿。此车只生产了 18 辆，极为稀有。

1950—1956年劳斯莱斯 幻影 IV

幻影 V
(1959—1968)
Phantom V

幻影 V 是基于劳斯莱斯银云（Silver Cloud）II 打造的，采用与银云 II 一样的 6230 毫升排量 V8 发动机，并配备来自美国通用汽车公司的 4 速自动变速器，后轮为鼓式制动器。有意思的是，虽然劳斯莱斯已在制造银影时采用了单体式车身生产方式，但幻影 V 仍采用传统的车身定制式生产方式。幻影 V 共生产了 516 辆。

幻影 V 仍采用传统的车身定制式生产方式，车身与底盘分开制造。

第四章 至尊座驾幻影

1963—1968年劳斯莱斯 幻影 V（Park Ward车身）

1963—1968年劳斯莱斯 幻影 V（Park Ward车身）

1959—1963年劳斯莱斯 幻影 V（Park Ward车身）

幻影 VI（1968—1991）
Phantom VI

幻影 VI 是基于幻影 V 打造的，造型稍作修饰，但发动机采用当时的银影（Silver Shadow）车型。大部分车型仍由 Mulliner Park Ward 打造车身。

幻影 VI 是劳斯莱斯最后一款采用独立底盘方式生产的车型。它的前悬架采用螺旋弹簧，后悬架采用叶片弹簧，全轮仍采用鼓式制动方式。幻影 VI 采用 6230 毫升 V8 发动机，配备 4 速自动变速器。从 1979 年起，发动机排量增至 7650 毫升。

幻影 VI 从 1968 年开始生产，一直到 1991 年才停产，但总计只生产了 373 辆。

有趣的是，早期的幻影 VI 后门曾采用后铰链式车门，也就是后门向后开启（俗称对开门、后开门或自杀门），但后来的安全法规要求取消这种存在安全隐患的开门方式。然而，随着技术的不断进步，2003 年推出的全新幻影又开始采用对开门设计。

1973—1991 年劳斯莱斯幻影 VI Landaulette（Mulliner Park Ward 车身）

1968—1991 年劳斯莱斯 幻影 VI

劳斯莱斯幻影 VI 曾采用对开门设计

第四章　至尊座驾幻影

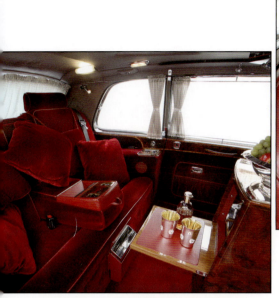

1968—1991年劳斯莱斯幻影 VI

手机扫一扫，即可观看
劳斯莱斯幻影VI视频

Chapter 5 Baby Rolls-Royce
第五章　劳斯莱斯小成员

如果把大排量的幻影（Phantom）称为"大劳斯莱斯"的话，那么其他小排量的车型就可称为"小劳斯莱斯"了，或者说是劳斯莱斯汽车家族中的小成员了。

20HP（1922—1929）

20HP 是第一辆"小劳斯莱斯"车型。它采用 3127 毫升排量的直列 6 缸发动机，最高车速为 100 千米/时。后来通过减轻车身重量，又使其最高车速提升到 113 千米/时。生产数量为 2940 辆。

1925年劳斯莱斯 20HP（Kellner & Cie 车身）

第五章 劳斯莱斯小成员

1928年劳斯莱斯20HP敞篷轿跑车（Barker车身）

1928年劳斯莱斯 20HP内饰（Barker车身）

1928年劳斯莱斯 20HP发动机（Barker车身）

20/25HP（1929—1936）

20/25HP

"小劳斯莱斯"20HP也开始长大，它的直列6缸发动机排量增至3699毫升，并且将车型号也改为20/25HP。

根据1931年所做的道路测试，20/25HP的最高车速为108千米/时，到1935年又提高到122千米/时。生产数量为3827辆。

1933年劳斯莱斯 20/25HP（Gurney Nutting 车身）

第五章　劳斯莱斯小成员

1933年劳斯莱斯 20/25HP（Thrupp & Maberly车身）

Do You Know？

亨利·莱斯去世

1933年，亨利·莱斯因病去世，享年70岁。在他掌管劳斯莱斯公司期间，曾有朋友建议他制造低价位汽车，以便满足更多人的需求，也能为公司带来更大的利益。然而亨利·莱斯直到去世，一直坚持打造世界最豪华的汽车。他的造车理念是：不计成本地制造世界最好的汽车，并将其销售给那些能够欣赏艺术品、愿意并有能力购买它的人们。亨利·莱斯这个造车理念一直影响到今天的劳斯莱斯汽车品牌。

收购宾利（1931）
Acquisition of Bentley

进入 20 世纪 30 年代的劳斯莱斯，既拥有销量较大的小型车 20/25HP，也拥有超级豪华旗舰车型幻影，从而可满足较多人的购买需求。然而，还缺少一款具有运动特性的车型。劳斯莱斯汽车虽以豪华、高性能及高可靠性著称，而运动性并不是它的特长。

曾在汽车赛事中建立声望的劳斯莱斯，终于迎来了发展运动性车型的机会。1929 年，美国爆发了经济危机并迅速波及西欧。1931 年，宾利公司的负债超过 10 万英镑，这在当时是个相当大的数目，致使宾利濒临破产。而以打造运动型豪华汽车著称的宾利在无法继续运营的情况下，被劳斯莱斯以 12.5 万英镑的价格收购。

宾利汽车以速度和造型时尚而著称，正好与劳斯莱斯互补。

从 1933 年起，劳斯莱斯公司开始生产自己设计的 3.5 升宾利汽车，仍然悬挂宾利的商标销售。得益于劳斯莱斯在抑制噪声及制造工艺方面的超高技术，宾利汽车很快获得了"安静的跑车"（The Silent Sports Car）的称号，销量迅速增长，宾利汽车起死回生。

第五章　劳斯莱斯小成员

宾利8升运动跑车（1931）

宾利8升汽车是被劳斯莱斯兼并之前的最后一款新车型，由宾利创始人欧文·宾利设计。它采用8升直列6缸汽油发动机，最大功率220马力（约164千瓦），配备4速手动变速器。根据车身形式不同，整车净重至少2500千克。从1930投产到1932年停产，共计生产了100辆。

1931年宾利8升敞篷运动跑车（Barker车身）

1931年宾利 8升敞篷运动跑车（Barker车身）

25/30HP
（1936—1938）
25/30HP

"小劳斯莱斯"进一步长大，其发动机排量增至4257毫升，在转速4500转/分时输出的最大功率接近115马力（约85.8千瓦），其最高车速达到129千米/时。生产数量为1201辆。

1937年劳斯莱斯 25/30HP Limousine（Hooper车身）

1937年劳斯莱斯 25/30HP Limousine（Hooper车身）

1937年劳斯莱斯 25/30HP Limousine（Hooper车身）

1938年劳斯莱斯 魅影运动轿车（Thrupp & Maberly车身）

魅影（1938—1939）
Wraith

1936 年，劳斯莱斯的小型车 20/25HP 的动力得到进一步提升，名字也改为 25/30HP。其底盘在 1938 年又进行了改进，并命名为魅影（Wraith）。Wraith 是一个古老的英格兰词，意为"幽灵"或"精灵"。

魅影采用顶置气门、4257 毫升排量的直列 6 缸发动机，它是基于 25/30HP 的发动机改进而来的。配备 4 速手动变速器，并在 2 档、3 档和 4 档上配有同步器。

前轮采用螺旋弹簧式独立悬架，后轮仍为叶片弹簧非独立悬架。前轮配备的液压减振器的阻尼可以由驾驶人控制或根据车速变化而变化。

全车采用鼓式制动，并采用由发动机驱动的机械助力伺服系统。这一伺服系统是劳斯莱斯购买 Hispano—Suiza 的专利技术后自己制造的。

该车仍采用独立底盘式制造，即非承载式车身，但已开始用焊接替代原来的一些铆接工艺，使得底盘结构更加坚固。

据称以魅影底盘打造的汽车其最高车速可以达到 137 千米/时，但这一数据根据车身重量及造型的不同而有所不同。

该车因第二次世界大战的爆发而停止生产。在劳斯莱斯转产军工之前，劳斯莱斯共生产了 491 辆魅影。

1938年劳斯莱斯 魅影运动轿车（Thrupp & Maberly车身）

1938年劳斯莱斯 魅影运动轿车（Thrupp & Maberly车身）

Chapter 6 Mascot & Medallion
第六章　吉祥物与徽标

在散热器盖上立个吉祥物原是车主的个人行为，并不是汽车厂商统一配备的，因为连汽车车身都不是汽车厂家统一制造的。每位车主可以根据自己的喜好装上不同的吉祥物，因此在飞翔女神出现以前，劳斯莱斯汽车散热器盖上的吉祥物可谓五花八门。

散热器盖上的飞翔女神（1911）
Spirit of Ecstasy

手机扫一扫，即可观看劳斯莱斯飞翔女神吉祥物视频

劳斯莱斯汽车散热器盖上的吉祥物——飞翔女神

劳斯莱斯的立体车标是一位众所周知的飞翔女神。她弯腰站立在尊贵的劳斯莱斯车头上，双臂后伸，身披轻纱，迎风前行，光彩夺目。在飞翔女神车徽出现之前，许多劳斯莱斯的车主们喜欢在他们的车上随意加上各种各样的雕像，甚至还有"恶魔"之类的雕塑。劳斯莱斯的商务部经理克劳德·约翰逊认识到，人们添加的那些雕像根本不适合放在如此名贵高雅的车身上。为此，约翰逊找到好朋友《CAR》杂志的创办人蒙塔古（John Scott Montagu）帮忙，蒙塔古就向约翰逊推荐杂志的特约插图作者，同时也是一位优秀的雕塑家和画家查尔斯·赛克斯（Charls Sykes）来设计车徽。赛克斯则以约翰逊漂亮的女秘书埃莉诺·索恩顿（Eleanor Thornton）为原型，设计并雕琢了飞翔女神塑像，并于1911年2月6日正式成为劳斯莱斯汽车上的吉祥物。

起初这个吉祥物命名为速度精灵（Spirit of Speed），但觉得劳斯莱斯汽车并不只是在速度上表现优越，而且速度也不是劳斯莱斯品牌的最大追求，因此后

第六章 吉祥物与徽标

来又更多地称为飞天女神（Flying Lady）或银色女士（Silver Lady），现在她的官方称谓是飞翔女神（Spirit of Ecstasy）。

曾谣传飞翔女神由纯银打制而成，所以遭到许多小偷的觊觎。其实飞翔女神曾以铜、锌、锡等合金制成，唯独没有银。为了防止盗窃，车厂在车徽底座上设计了一个巧妙机关，当有人用力扳动女神像时，它会自动缩入。现在的劳斯莱斯汽车上，可以由车内的驾驶人手动控制升起或降下，或选择自动升降，当熄火并锁车时它会自动收缩进去；当给车门解锁时它会自动升起。

飞翔女神的原型人物埃莉诺·索恩顿（Eleanor Thornton）

也可以手动控制飞翔女神的升降

飞翔女神的造型曾经历过4次重大变化，曾在一个时期她是跪着的。

徽标字色变黑的讹传（1930）
Medallion Colour Myth

镶嵌在飞翔女神像下面的双 R 徽标是劳斯莱斯公司两位创始人的名字的首写字母，最早的字是红色的，但后来变成了黑色。曾有人说是为了纪念莱斯的去世（1933 年去世）。其实这是个很大的误传，可谓是世界车坛最有名的误传了。

根据劳斯莱斯公司一份内部会议记录显示，在 1930 年 12 月 18 日的一次会议上，有人提议："散热器盖上镶嵌的徽标是红色，这比较适合于红色汽车，但从艺术角度上看

1935年劳斯莱斯 20/25 HP

第六章 吉祥物与徽标

这样有点不妥,因为现在多数车型都是黑色的,而红色徽标与黑色车身并不匹配,所以我们能否考虑将其换成黑色?"

后来的会议记录还显示:"鉴于你提出的更换徽标颜色问题,在数日前已决定将40/50HP车型散热器盖上的徽标换成黑色,而20/25HP车型依然保留红色,以便区别这两种车型,并且此决定已经下达执行。"也就是说早在莱斯去世前,劳斯莱斯的"双R"徽标就已更改为黑色。

将徽标颜色由红色变成黑色的真正原因,是为了更好地与车身颜色搭配,并不是为了纪念亨利·莱斯的去世。

1929年劳斯莱斯 幻影 I

Chapter 7 Cars of after WWII
第七章　第二次世界大战后经典车型

第二次世界大战结束后，劳斯莱斯借恢复生产汽车之机，对造车方式进行了重大革新，开始采用冲压钢制车身，使汽车造型发生了革命性的变化，造型独特的个性定制车型也渐渐消失。

B 系列发动机
Range B of Engines

第二次世界大战结束后，劳斯莱斯来不及研制新型发动机，为了尽快恢复生产，只好采用1938年研制的B系列发动机。

根据发动机气缸数，劳斯莱斯分别将4缸、6缸和8缸发动机编号为B40、B60和B80型。其中第一款B60发动机装备在银色魅影（Silver Wraith）上，B80则装备在宾利Mk V上，而B40从未装备在任何劳斯莱斯或宾利车型上，可能是嫌其动力不够强大吧。

1947年劳斯莱斯银色魅影发动机

Do You Know？
从德比搬迁到克鲁

为了给第二次世界大战做准备，劳斯莱斯和英国政府决定为劳斯莱斯的航空发动机厂再建个"影子"工厂，以防万一工厂被炸后还能继续制造航空发动机。这里不仅是指为生产设备备份，更是为技术人员备份。"影子"工厂的最终选择地在英国克鲁郡（Crewe）一块60公顷的土豆地里，在那里建立了全新的工厂，并在5个月后就开始生产劳斯莱斯的梅林（Merlin）航空发动机。在第二次世界大战期间，这个"影子"工厂共生产了2.5万台梅林发动机，雇员最多时曾达上万人。第二次世界大战结束后，劳斯莱斯原来的德比工厂只生产航空发动机，而将汽车生产全部搬迁到克鲁郡的劳斯莱斯工厂。现在克鲁工厂只生产宾利汽车。

第七章　第二次世界大战后经典车型

Do You Know？

第二次世界大战中转产航空发动机

在第二次世界大战中，劳斯莱斯公司集中精力制造航空发动机（又称为罗尔斯-罗伊斯航空发动机），以及用于坦克、船舶、鱼雷艇的发动机。劳斯莱斯公司主要是依靠制造飞机发动机而生存下来的。

罗尔斯-罗伊斯的梅林（Merlin）系列V形水冷航空发动机性能优异，给人留下了深刻印象，英国著名的喷火（Spitfire）战斗机搭载的就是这款发动机。

第二次世界大战期间劳斯莱斯制造的梅林（Merlin）V12航空发动机，发动机总排量27升。

1947年劳斯莱斯 银色魅影

银色魅影（1946—1959）
Silver Wraith

劳斯莱斯在第二次世界大战结束后推出的第一款车型是银色魅影（Silver Wraith）。它是根据第二次世界大战前最后一款车型魅影（Wraith）改进而来的。

虽然同时期的宾利已开始采用冲压钢制车身，并在劳斯莱斯组装完成整车，但银色魅影仍采用传统的造车方式，仍由外面的专业车身厂完成车身打造。

银色魅影配备的发动机是在魅影发动机的基础上改进的，排量保持4257毫升不变，但将原来的顶置气门改成顶置进气门、侧置排气门，并优化了燃烧室的设计。到1951年时，发动机排量提高到4566毫升；到1955年，发动机排量又提高到4887毫升，以适应像H.J. Mulliner及Hooper车身厂打造的越来越重的豪华车身。

到1959年停产时，银色魅影共生产了1881辆。

第七章 第二次世界大战后经典车型

1948年劳斯莱斯 银色魅影（Mulliner车身）

1948年劳斯莱斯 银色魅影（Mulliner车身）

冲压钢制车身（1949）
Steel Stamping Body

当和平在 1945 年重回英伦时，劳斯莱斯的德比工厂继续为英国生产飞机发动机，而汽车只好在克鲁郡的工厂复产。然而此时劳斯莱斯公司的实际运营由欧内斯特·海夫斯（Ernest Hives）负责，他认识到传统的汽车生产方式已落后，只生产动力底盘的方式已不符合时代潮流，他要借鉴美国汽车工业的生产方式，不再需要专

第一款采用冲压钢制车身打造的劳斯莱斯汽车。

第七章　第二次世界大战后经典车型

1949年劳斯莱斯 银色曜影（冲压钢制车身）

1949年劳斯莱斯 银色曜影（冲压钢制车身）

业车身厂定制车身，而是改为完全自己设计制造，并且采用冲压技术来制造钢制车身，由劳斯莱斯公司完整地制造每一辆汽车，而不仅仅是只制造底盘。

由于改进了生产方式，劳斯莱斯在第二次世界大战后的汽车生产成本有所降低，售价也降了下来，销量也有所增加。虽然有部分银色魅影仍采用传统的生产方式，向专业车身厂供应动力底盘，以满足一些人的个性需求，但标准钢质车身的劳斯莱斯汽车越来越多地驶向大街。

劳斯莱斯对钢制标准车身汽车的态度非常谨慎，它们不清楚人们会怎样看待这些造型都完全一样的钢制车身汽车。当1949年首次推出冲压钢制车身的银色曜影（Silver Dawn）时，人们对冲压钢制车身的汽车还比较接受，尤其是在美国和英国市场，对采用新的生产方式打造的劳斯莱斯需求强盛。

银色曜影
（1949—1955）
Silver Dawn

银色曜影（Silver Dawn）是劳斯莱斯销售的第一款冲压钢制标准车身的汽车，并且是在劳斯莱斯的克鲁工厂完成最后整车组装的汽车。为了谨慎起见，仍有少量银色曜影采用传统造车方式由专业车身厂打造个性车身。今天，这些拥有个性车身的银色曜影已成昂贵的收藏品了。

劳斯莱斯银色曜影与宾利 Mk VI 使用同样的底盘和车身造型。1952 年，当对这个共享的底盘和车身进行了小改款后，宾利 Mk VI 改名为宾利 R 型，而劳斯莱斯银色曜影的名字没变。

银色曜影配备 4257 毫升排量直列 6 缸发动机，并在 1951 年将排量提高到 4566 毫升。

一开始该车都是配备 4 速手动变速器，但到 1954 年晚些时候，可以选配来自美国通用的 4 速自动变速器。前轮为螺旋弹簧式独立悬架，而后轮仍为叶片弹簧式非独立悬架。四轮均为鼓式制动，但前轮采用液压式制动器，而后轮为机械式制动器。

银色曜影为全尺寸四门豪华轿车，当时的含税价格约为 4700 英镑。该车 6 年之中共生产了 785 辆，大部分用于出口。

1949年劳斯莱斯 银色曜影（冲压钢制车身）

1950年劳斯莱斯 银色曜影（Park Ward车身）

第七章　第二次世界大战后经典车型

1950年劳斯莱斯 银色曜影（Park Ward车身）

1950年劳斯莱斯 银色曜影（Park Ward车身）

银云 I
（1955—1959）
Silver Cloud I

劳斯莱斯银云 I（Silver Cloud I）于 1955 年推出，它是替代银色曜影的车型，在发展 3 代车型后它又被银影（Silver Shadow）替代。

银云采用非承载式车身，钢制主体骨架由冲压钢公司（Pressed Steel Company）制造，而车门、发动机盖和行李箱盖采用较轻的铝板打造。

底盘车架采用方形管钢焊接而成，刚性非常高。车体长 5.38 米，宽 1.9 米，净重 1950 千克。所配备的 4887 毫升直列 6 缸发动机可输出 155 马力（约 115.6 千瓦）的最大功率。这也是劳斯莱斯采用直列 6 缸发动机的最后一款车型。4 速自动变速器为标准配备。最小转弯半径为 12.7 米。1957 年又推出长轴距版，轴距加长 102 毫米。

银云采用了许多相当先进的技术，如后制动器配备液压助力，前悬架采用不等长的叉臂并配备螺旋弹簧，后悬架采用电控减振器。

据当时汽车杂志对该车的测试，其最大车速可达 165.6 千米/时，油耗为 19.5 升/100 千米。当时测试车的含税价格高达 5078 英镑。此车共计生产了 2359 辆。

1955 年劳斯莱斯 银云 I（劳斯莱斯钢制标准车身）

1956 年劳斯莱斯 银云 I（Freestone & Webb 车身）

第七章 第二次世界大战后经典车型

手机扫一扫,即可观看劳斯莱斯银云I车型视频

1955年劳斯莱斯 银云I(劳斯莱斯钢制车身)

劳斯莱斯银云I与宾利S1共享底盘和车身,它们之间的主要区别是进气格栅和车标。

1959年劳斯莱斯 银云I(Mullinner车身)

银云 II（1959—1962）
Silver Cloud II

劳斯莱斯银云 II 与宾利 S2 共享底盘和车身，它们之间的主要区别是进气格栅和车标。

1959年劳斯莱斯 银云 II 长轴距款

银云 II 于 1959 年推出，这次主要是更换了 V8 发动机，而车身造型仍与银云 I 一样，没有太大变化，并且仍有一些车型的车身是由专业车身厂个性打造的。

银云 II 装备的 V8 发动机排量为 6230 毫升，最大功率 185 马力（约 138 千瓦），最高车速 182 千米/时。在增强动力的同时，V8 发动机也将车重增大到 2110 千克。另外，4 速自动变速器仍为标准配备，并增加助力转向成为标准配备，而电动车窗开始成为选装配置。银云 II 共生产了 2116 辆。

1959年劳斯莱斯 银云 II（Mulliner车身）

银云 Ⅲ（1962—1969）
Silver Cloud III

在 1962 年 10 月举行的巴黎车展上，劳斯莱斯银云 Ⅲ 亮相。与银云 Ⅱ 相比，银云 Ⅲ 的车身造型进行了稍许修饰，车鼻高度有所降低，并且采用了每侧双前照灯设计，这也是外观上的最大变化。同时，劳斯莱斯对银云 Ⅱ 采用的 6230 毫升 V8 发动机也进行了改进，压缩比提高到惊人

1962年劳斯莱斯 银云Ⅲ（劳斯莱斯标准车身）

手机扫一扫，即可观看劳斯莱斯银云Ⅲ车型视频

1962年劳斯莱斯 银云Ⅲ敞篷轿车（劳斯莱斯标准车身）

第七章　第二次世界大战后经典车型

的9∶1，更换了化油器，从而使其动力提升15%，最高功率达到200马力（约149千瓦），车身重量也减轻了100千克，从而使最高车速提高到188千米/时。

　　虽然此时劳斯莱斯的冲压钢制车身生产已非常成熟，但仍有部分银云Ⅲ底盘提供给专业车身厂打造个性车身，并按传统定制方式完成整车装配。其中有一款银云Ⅲ敞篷车型的前照灯看似有点"吊眼"（如右图），极具个性。劳斯莱斯银云Ⅲ共生产了2044辆。

1966年银云Ⅲ（Mulliner Park Ward 车身，"吊眼"造型）

1962年劳斯莱斯 银云Ⅲ（劳斯莱斯标准车身）

1962年劳斯莱斯 银云Ⅲ敞篷轿车（劳斯莱斯标准车身）

Chapter 8 Sunk to a Ebb
第八章　从巅峰滑入低谷

随着生产方式的改变，每一辆劳斯莱斯汽车再也不能成为独一无二的了，一个系列的汽车其外观造型都完全一样，使其吸引力减弱。再加上20世纪70年代的经济危机，也使超级豪华汽车不再那么受追捧了。超级豪华汽车市场逐渐萎缩。

银影 I（1965—1976）
Silver Shadow I

第一辆采用整体结构式车身制造的劳斯莱斯车型，从此车身与底盘不再分开打造。

继幻影之后，劳斯莱斯另一款伟大的车型在1965年诞生，它就是银影（Silver Shadow）。它是劳斯莱斯第一辆采用承载式车身或整体结构车身制造的车型。它的车身与底盘整合成一体了，分离式底盘已不存在，因此，劳斯莱斯也无法向专业车身厂供应动力底盘用来打造个性车身了。

银影应用了大量的先进技术，当时所有可能采用的豪华配置几乎都装备上了。电动控制技术得到大量应用，包括档位切换、车窗升降、座椅调节、油箱盖开关、天线升降、空调和加热等，都采用自动或电动控制。后轮改用独立悬架系统，这样四轮都是独立悬架，舒适性大大提高。原来的四轮鼓式制动器都改成盘式制动器，并配备助力系统。先进的车身水平自动调节系统也装备在银影上。

银影在1965—1969年间采用6.2升V8发动机，最大功率172马力（约128千瓦）。在1970—1980年间采用6.75升V8发动机，最大功率增大到189马力（约141千瓦）。它们都配备通用汽车的4速自动变速器。

银影的最大技术亮点是采用法国雪铁龙专利技术的高压液压系统，它不仅支持双回路制动系统，而且还可以为车身水平自动调节系统提供液压动力。

银影于1965年10月投放市场，售价6556英镑。这个价格比前面的银云III高出900英镑，但它装备有许多很超前的技术，号称当时世界上最复杂的汽车。

第八章　从巅峰滑入低谷

1965年劳斯莱斯 银影 I

1965年劳斯莱斯 银影 I

1965年劳斯莱斯 银影 I

银影 II（1977—1980）
Silver Shadow II

1977年，银影 I 进行一系列改进后，更名为银影 II，其中最大的技术改进是采用齿轮齿条式转向系统。

卖到北美市场的银影 II，还将原来镀铬的金属保险杠改成了合金或橡胶合成材料，在遇到碰撞时可以吸收能量，以满足美国从1974年就开始施行的汽车安全标准。然而

银影的生命期长达 15 年，总共产销 34611 辆，从而成为劳斯莱斯最畅销的车型。

1977年劳斯莱斯 银影 II

第八章 从巅峰滑入低谷

卖到北美之外市场的银影仍然采用金属镀铬保险杠,并且宽出车身外近5厘米。

银影从1965年开始生产,直到1980年才停产,生命期长达15年,总共生产销售了34611辆,从而成为劳斯莱斯历史上最畅销的车型。

1977年劳斯莱斯 银影Ⅱ

1977年劳斯莱斯 银影Ⅱ

1977年劳斯莱斯 银影Ⅱ

1977年劳斯莱斯 银影Ⅱ

科尼切（1971—2002）
Corniche

1986年劳斯莱斯 科尼切 II

1971年劳斯莱斯 科尼切 I

劳斯莱斯科尼切（Corniche）最早于1971年问世。除了第1代有4门轿车款外，后来科尼切都是敞篷车型，并被认为是世界上最大、最贵和最豪华的4座敞篷轿车。

科尼切是在银影基础上发展而来的，采用6.75升V8发动机，大部分零部件都是由技师手工精心打造，刚推出时很受欢迎，买车者要等4年才能提到车。

劳斯莱斯科尼切陆续发展了5代车型，一直生产到2001年才停产。第5代科尼切的售价高达35.99万美元。此车总计生产了374辆。

第八章　从巅峰滑入低谷

1971年劳斯莱斯 科尼切 I

1989年劳斯莱斯 科尼切 III

1992年劳斯莱斯 科尼切 IV

Do You Know？

汽车与航空业务被拆分、被转卖

　　1971年，劳斯莱斯公司的航空业务及汽车业务都遇到经营危机，虽然勉强又维持了两年，但最后还是走到了破产边沿，后在英国政府干预下于1973年将劳斯莱斯公司一分为二，拆分为汽车和航空发动机两家公司，劳斯莱斯品牌由两家公司同时使用。

　　1980年，劳斯莱斯汽车公司被英国维克斯集团（Vickers）收购。此后劳斯莱斯汽车跌入低谷，再没推出什么像样的车型。

2000年劳斯莱斯 科尼切 V

卡玛格（1975—1986）
Camargue

卡玛格（Camargue）是劳斯莱斯在1975—1986年间生产的一款双门硬顶豪华轿车，它由意大利的宾尼法利纳（Pininfarina）设计室设计。这也是第二次世界大战后由劳斯莱斯之外的设计师设计的第一款劳斯莱斯车型。

当卡玛格推出时，它是劳斯莱斯的旗舰车型，也是世界上售价最高的量产轿车。1975年，它在英国市场的售价高达29250英镑（含税），而在美国市场的售价还要比英国高出1.5万美元。

卡玛格与银影、科尼切共用平台，都是采用6.75升V8发动机。卡玛格采用从美国通用汽车采购的3速自动变速器。此车轴距3048毫米，车长5169毫米。此车总计生产了531辆。

> 当卡玛格推出时，它是劳斯莱斯的旗舰车型，也是当时世界上售价最高的量产轿车。

1975年劳斯莱斯卡玛格狩猎改装车

第八章　从巅峰滑入低谷

1975年劳斯莱斯 卡玛格

1975年劳斯莱斯 卡玛格

1975年劳斯莱斯 卡玛格

银色精灵
（1980—1995）
Silver Spirit

银色精灵（Silver Spirit）最早于1980年推出，它是第一款可以将飞翔女神吉祥物收缩进散热器盖内的劳斯莱斯车型。银色精灵的长轴距版被命名为银刺（Silver Spur），并同期生产。

银色精灵并不是一款全新车型，它是在银影的基础上设计的，它仍然配备6.75升V8发动机，并且同样配备通用汽车的3速自动变速器，同样配备来自雪铁龙的液压气动自动调平悬架系统。

银色精灵共有4代车型，但它们的外观造型都没有太大变化，主要是技术上的进化。如从第2代起可以选择4速自动变速器，从第3代起开始标准配备4速自动变速器。这4代车型都采用6.75升V8发动机。

1980年劳斯莱斯 银色精灵

银刺（1980—1998）
Silver Spur

银刺（Silver Spur）是银色精灵的长轴距版。银色精灵第2代的轴距是3061毫米，车身长度是5278毫米，而银刺第2代的轴距是3162毫米，车身长度是5380毫米。

后来，劳斯莱斯又将银刺Ⅲ增加一些配置，如电子防滑辅助系统和后排座椅加热系统，就重新命名为银色曜影（Silver Dawn）。

1980年劳斯莱斯 银刺

第八章 从巅峰滑入低谷

Do You Know？
因曲高和寡而跌入低谷

亨利·莱斯的造车理念是制造世界上最好的汽车,并将其卖给那些能够欣赏真正艺术品且有能力和愿意购买它的人。这个理念是成功的,回顾110多年来购买劳斯莱斯的顾客,包括英国王室及王室成员,还包括其他国家或地区的国王、王子和公主等,包括一些国家的政府首脑、娱乐明星以及数位诺贝尔奖获得者,甚至包括美国汽车大王亨利·福特等世界企业巨头。

也可能正是因为劳斯莱斯一直遵循亨利·莱斯当初所制定的造车理念,坚持只卖给那些真正视劳斯莱斯为艺术品的人,才使得劳斯莱斯汽车落到难以自我生存的境况。劳斯莱斯需要新鲜血液注入,需要调整其造车理念。

飞驰（1994—1995）
Flying Spur

1994—1995年间生产的飞驰（Flying Spur）是银刺Ⅲ的高性能版，装配有涡轮增压发动机，它也是第一款采用涡轮增压发动机的劳斯莱斯汽车，共生产134辆。

这个时期，劳斯莱斯的几个车名很容易混淆，如银色精灵（Silver Spirit）、银刺（Silver Spur）、银色曜影（Silver Dawn）和飞驰（Flying Spur），它们的外形基本一样，动力系统基本一样，主要区别只是配置不同，或车长有所不同。

1994年劳斯莱斯 飞驰

第一款装备涡轮增压发动机的劳斯莱斯车型

1998年劳斯莱斯 银天使

第八章　从巅峰滑入低谷

银天使（1998—2002）
Silver Seraph

银天使（Silver Seraph）最早于 1998 年的日内瓦车展上亮相，它是替代银色精灵和银刺的产品。其实银天使的开发工作始于 20 世纪 80 年代后期，但由于后来公司发展很不顺利，公司先后被拆分和兼并，管理层的变化更大，最终经历 10 年之久才于 1998 年完成设计。银天使也是劳斯莱斯品牌被转卖给宝马之前由劳斯莱斯推出的最后一款全新产品。更有意思的是，银天使在 1998 年投产时使用的就是宝马的 5.4 升 V12 发动机，这也是继 1939 年幻影 III 之后首次采用 12 缸发动机。银天使的最高车速为 225 千米/时，0—100 千米/时加速仅需 7 秒。

银天使率先在高级轿车领域使用了空气滤清系统、双桥减振器和碳纤维降噪系统，使得银天使在舒适性方面更优于银刺。空气滤清系统能保持车内永远都弥漫着木材和皮革的特殊香味，不会带进汽油的刺鼻味和乘客的体味。据称，双桥减振器和碳纤维降噪系统，能减少 85% 的噪声和振动。

到 2002 年宝马推出全新幻影时，银天使就自动停产了，4 年多只生产了 1570 辆。这也是克鲁工厂生产的最后一款劳斯莱斯车型。

1998 年劳斯莱斯 银天使

Chapter 9 The Story of Mergers
第九章　品牌抢购风波

在1998年发生的劳斯莱斯品牌抢购风波很有意思，就像是好莱坞大片那样充满传奇色彩，两家德国汽车厂商抢购英国头号汽车品牌，玩手段，耍计谋，几经曲折，最终还是宝马笑到了最后。

半路上杀出个"程咬金"

早在1994年，劳斯莱斯就为其新车型银天使（Silver Seraph）在全球范围内寻找配套的发动机，最后相中了宝马的V12发动机，宝马的V8发动机则为宾利雅致（Arnage）提供配套。其时劳斯莱斯的研发战略是全球采购，如从英国一家公司获得制动系统技术，从法国雪铁龙获得液压悬架技术，从美国通用获得变速器技术，从日本获得电子控制技术等。宝马从1995年起为劳斯莱斯供应发动机。

到了1998年，也就是维克斯集团经营劳斯莱斯18年后，决定为劳斯莱斯的汽车分部寻找下家。宝马近水楼台，与维克斯达成意向，准备接手劳斯莱斯汽车分部。然而德国大众集团听到消息后连忙以高价手段试图抢购劳斯莱斯。当时宝马开价10亿马克（约3.4亿英镑），而大众开出了12.5亿马克（约4.3亿英镑）的高价。多出的2.5亿马克让维克斯很动心。当时的维克斯集团总裁柯林·钱德勒说："在劳斯莱斯的出售过程中，我们只专注于为我们的股东争取最大限度的利益。就这么简单。"甚至一位股东直截了当地说："既然劳斯莱斯非卖给外国不可，那就卖给出价最高的。"

使出杀手锏要挟对手

而对财大气粗的大众，宝马却不动声色地拿出杀手锏：如果得不到劳斯莱斯，宝马将终止向劳斯莱斯和宾利提供发动机。如果真如此，那么劳斯莱斯和宾利将面临立即停产的局面。

第九章　品牌抢购风波

1968年劳斯莱斯幻影 VI 后排座位

1973—1992年劳斯莱斯 幻影 VI（Mulliner Park Ward车身）后排座位

正当难题看似无解时,劳斯莱斯品牌所有权的罗尔斯-罗伊斯飞机发动机公司站了出来,并支持宝马收购劳斯莱斯。

根据1973年劳斯莱斯在拆分飞机发动机和汽车两部门时的分家协议,劳斯莱斯的名称权和商标权为罗尔斯-罗伊斯飞机发动机公司所有,如果劳斯莱斯汽车公司要卖给外国,必须取得罗尔斯-罗伊斯飞机发动机公司的同意。

在第二次世界大战中,英国皇家空军使用的喷火(Spitfire)战斗机采用的就是罗尔斯-罗伊斯的梅林(Merlin)水冷活塞式发动机。而德国空军使用的FW190战斗机,则采用宝马的14缸801风冷星形发动机。在空中,喷火战斗机与FW190战斗机之间曾展开了无数次的缠斗。

1990年,罗尔斯-罗伊斯与宝马在德国成立合资公司,共同研制开发民用航空发动机。合资公司取得了巨大的商业成功,但到1999年,宝马决定将发展重点放在汽车及摩托车上,于是就退出了合资公司并彻底退出航空发动机领域。由此看来,宝马与罗尔斯-罗伊斯的关系更近而且相互之间更值得信任。

很显然,如果大众集团得不到罗尔斯-罗伊斯飞机发动机公司的支持,就购不到劳斯莱斯的商标权和名称权,那么,大众集团出再高价也是枉然。

品牌与工厂"骨肉分离"

明白自己的处境后,大众集团只好做出让步,忍痛放弃拥有劳斯莱斯品牌的想法,转而购买宾利品牌。

第九章 品牌抢购风波

最终在1998年，相关多方达成"绅士协议"——大众以12.5亿马克的价格获得劳斯莱斯汽车公司的克鲁工厂以及宾利品牌，并持有劳斯莱斯品牌直到2002年12月31日。宝马以1.2亿马克的价格，从2003年元旦起获得劳斯莱斯汽车品牌，而此前应继续为劳斯莱斯汽车提供发动机。简单点说，宝马得到了劳斯莱斯汽车品牌，而大众得到了宾利品牌和一个老工厂。

因此在1998—2002年间，劳斯莱斯汽车的处境非常尴尬，大众汽车集团将劳斯莱斯汽车品牌"雪藏"，在推广宣传及新品研发上基本停滞，而对原来隶属于劳斯莱斯汽车的宾利品牌，却大手笔投入，极力推广，试图抢占超级豪华轿车的头把交椅。

1992年劳斯莱斯 幻影VI敞篷车内饰（Frua车身）

1992年劳斯莱斯 幻影VI敞篷车（Frua车身）

Chapter 10　New Century&Models
第十章　新世纪新车型

　　1998年，宝马只是得到一纸合同，没有从英国买到劳斯莱斯的任何有形资产，只好重打鼓另开张，重新建立一个能够制造新劳斯莱斯汽车的工厂。而对宝马来说最大的挑战是，要设计一款能够传承劳斯莱斯灵魂的汽车，让人一眼认出它就是劳斯莱斯。

　　宝马在与大众的争夺中，实际上没有得到1分钱的有形资产，只获得近似一张白纸的劳斯莱斯汽车品牌。宝马要为劳斯莱斯品牌从零设计新车型，并要在英国选址建新工厂，最后确定在古德伍德建厂。

　　宝马开始以当时宝马7系的E66底盘为基础研发新车，第一款车型就是劳斯莱斯的旗舰车型幻影。幻影是劳斯莱斯曾在1925年推出的一款车型的名称，一直生产到1991年，共生产了6代。因此，宝马接手后推出的新幻影也称为幻影第7代或幻影VII。

2003年劳斯莱斯 幻影 VII

幻影 VII（2003—2017）
Phantom VII

2003年劳斯莱斯 幻影 VII

手机扫一扫，即可观看劳斯莱斯古德伍德工厂视频

2003年初推出的劳斯莱斯新幻影（Phantom）和之前的劳斯莱斯车型相比，除了具有相同的定位、相同的水准、相同的车标外，几乎没有任何关联，但新幻影依然保留了英国豪华轿车的味道，原来的一些特别设计元素还要保留，如较长的发动机盖造型，短前悬、长后悬设计，足够长的轴距以保证车内空间，较高的车窗下沿以及较宽的C柱以保证后排乘员的私密性，大直径车轮（31英寸轮毂），以及前高后低的车顶线、前低后高的车底线所营造的加速动感。

新幻影采用铝合金车身结构，而且是宝马在德国制造好后运到英国安装的。装备宝马的6.75升V12发动机，最大功率为453马力（约338千瓦），0—100千米/时加速只需5.9秒，最高车速为240千米/时。

2003年劳斯莱斯 幻影 VII

新幻影 VIII（2017—）
Phantom VIII

2017年，劳斯莱斯幻影第8代车型亮相，即幻影VIII，它采用更轻车身架构和新一代自适应空气减振器，进一步提升了劳斯莱斯魔毯般的驾乘体验。减振器控制系统会根据车身和车轮加速、转向输入和摄像头信息，每秒做出数百万次计算，以此指导自适应空气减振器做出调整。

另外，全新劳斯莱斯幻影的"旗手"（让人想起以往法律规定在汽车前手持红旗领队的人），也帮助优化了驾乘体验——即在前风窗玻璃处设置的一个立体监控器监测前方路况，以便主动调节悬架而不是等加速到100千米/时时再做被动反应。

为了打造"世界上最安静的汽车"，劳斯莱斯汽车倾尽全力。包括遍布全车重达130千克、6毫米厚的双涂层隔声材料，使用有史以来最大的铸铝部件确保隔声效果以及使用高效吸声材料。

设置在车底板和架构隔板区域的双层合金材料阻断了来自路面的噪声，该项技术首次应用在全新劳斯莱斯幻影上。这些隔层中另外填充的多重泡沫和隔声层进一步切断了噪声来源，其绝佳隔声效果当属业内首创。

另外，设置在车顶、车门及行李箱处的高效吸声层进一步提升了隔声效果并降低回声。与此同时，劳斯莱斯汽车与轮胎供应商密切合作，发明了高静音轮胎，该轮胎内设

手机扫一扫，即可观看劳斯莱斯幻影VIII视频

第十章 新世纪新车型

置特殊泡沫层来吸收轮胎噪声,让整个轮胎噪声降低了9分贝,这意味着车内驾乘者可以实现完全不受任何声音干扰地自如交谈。

总体来说,幻影Ⅷ实现了360度的封闭式隔声,实现了在100千米/时时比幻影Ⅶ降噪10%的效果。事实上,劳斯莱斯汽车声学测试工程师在首次进行路面及振动噪声测试时,噪声系数达到极低的水平,以至于他们不得不检查自己的测试工具是否校准正确。

为创造出世界上最安静的汽车,就要先造出一台完全静音的发动机。要实现这一目标,意味着发动机要在低转速下有更高的输出动力。为此,工程师专门为幻影Ⅷ设计了全新6.75升V12动力系统,替代了以往自然吸气式V12发动机。

全新双涡轮增压V12发动机在保证900牛·米的惊人转矩和1700转/分超低转速的同时,最大功率可达563马力(约420千瓦),这使得幻影Ⅷ在任何重要时刻都能动静相宜。另外,该车配备的卫星辅助传动系统(Satellite Aided Transmission)搭配采埃孚8速变速器也确保了驾驶人在任何路况下都能自如畅行。

幻影Ⅷ是劳斯莱斯历史上技术最先进的车型。它搭载的智能辅助系统包括但并不限于以下功能:警报辅助系统、四摄像头全景监控系统、全方位能见度系统(包括全景俯视、夜视和视野辅助系统)、主动巡航控制系统、碰撞警报、行人预警、交叉路口预警、车道偏离与变道预警、高分辨率平视显示器,当然还包括最新的导航和娱乐系统。

全新6.75升V12发动机替代了以往自然吸气式V12发动机。

2017年劳斯莱斯 幻影 Ⅷ(长轴距)

古思特 I（2009—2014）
Ghost I

2009 年，劳斯莱斯推出一款定位稍低于幻影的车型，并以劳斯莱斯曾经最著名的车型银色幽灵（Sliver Ghost）来命名：Ghost，中文名为古思特。

2010 款古思特搭载宝马的 N74 型 6.6 升 V12 双增压发动机。这款发动机最大功率可达 562 马力（约 419 千瓦），最大转矩可达 780 牛·米，配备来自采埃孚的 8 速手自一体变速器，整车重量高达 2520 千克，长轴距版的 0 — 100 千米/时加速仅需 5.0 秒（幻影VII为 5.9 秒），而最高车速限制在 250 千米/时。虽然其车身尺寸没有幻影大，但

2009年劳斯莱斯 古思特 I

第十章　新世纪新车型

2009年劳斯莱斯 古思特 I

其动力性能指标却要比幻影高。

　　古思特的空气悬架系统值得一提，它可以监测到车内的细微变化，从而改变两侧悬架的受压力，使得车子无论什么时候都保持在一个平稳的状态上。比如说坐在左后的乘客欠身去取放在前排乘员座位的某种物品，这样左后车轮就会受力变小，减振器的传感器会迅速回馈给控制电脑，控制电脑会指令车辆尽快恢复平衡。另外，空气悬架系统还有自动升降功能，升降幅度为 2.5 厘米。

2009年劳斯莱斯 古思特 I

古思特 Ⅱ（2014—）
Ghost Ⅱ

古思特Ⅱ相对上一代车型而言，对外观进行小改动，如日间行车灯环绕全新造型的LED前照灯、全新设计的挡泥板和保险杠等。古思特Ⅱ对内饰也进行了小调整，但一些经典设计仍然保留，如经典式灯光调节面板、拉杆式出风口开关、用动力储备表替代发动机转速表等。

古思特Ⅱ在技术上增加了已率先应用在魅影（Wraith）车型上的卫星辅助传动系统。此系统可以根据GPS数据，并分析驾驶人的驾驶风格，为变速器选择合适的档位。在古思特Ⅰ上表现优异的智能空气悬架系统仍然采用，以保证古思特拥有优异的舒适性能和操控性能。

动力系统没有变化，仍然采用6.6升V12双涡轮增压发动机，最大功率571马力（约425.8千瓦），比上代车型稍有增加。长轴距版的净重达到2545千克，但其0—100千米/时加速时间不变，仍维持在5.0秒，最高车速为250千米/时。

拉杆式出风口开关以及经典式灯光开关设计

左侧为替代发动机转速表的动力储备表，怠速时为100，当踩下加速踏板时它会随之下降

第十章 新世纪新车型

采用宝马的6.6升V12双涡轮增压发动机

2014年劳斯莱斯 古思特 II

画解劳斯莱斯 揭秘劳斯莱斯汽车独门绝技 精装典藏版

魅影（2013—）
Wraith

魅影（Wraith）是古思特豪华轿车的轿跑版，它也是目前最动感的劳斯莱斯汽车。但作为劳斯莱斯基因中的一个关键属性，魅影仍遵循劳斯莱斯汽车的一些经典设计，如2∶1车身车轮高度比、长后悬设计和自垂直轮毂盖等。

2013年劳斯莱斯 魅影

第十章　新世纪新车型

2013年劳斯莱斯 魅影

它的动力系统及内饰设计与古思特基本一样，采用宝马 N74 型 6.6 升 V12 双涡轮增压发动机，但由于其车身净重比古思特较轻，所以其加速性能更强，0—100 千米/时加速只需 4.6 秒（古思特标准版为 5.0 秒）。

魅影搭载的动力传动系统是劳斯莱斯汽车最智能的动力传动系统之一。卫星辅助传动系统使用 GPS 数据和导航系统来预测弯道处的交通情况，然后选择合适的档位。

魅影打造奥秘——打造一辆魅影需要花费 450 个小时，有 4.4 万种颜色可供买主选择和搭配，使用 219 块顶级真牛皮缝制内饰，每辆车的木饰工艺需要专家耗时 1 个月进行刨削、打磨和抛光才能完工。

曜影（2015—）
Dawn

劳斯莱斯声称，曜影（Dawn）并非魅影(Wraith)的敞篷版车型，而是经过全方位设计打造的一款劳斯莱斯家族中极具辨识度的全新车型。与魅影相比，其80%的车身面板经过全新设计。但其车前部造型与古思特的相似度还是挺大的。

曜影采用2+2式座位设计，其敞篷在车速50千米/时以下时可在22秒内完成开闭。

曜影配备6.6升V12双涡轮增压发动机，最大输出功率563马力（约420千瓦），峰值转矩为780牛·米，匹配8速自动变速器。据悉，该车0—100千米/时加速时间为4.9秒，最高车速250千米/时。与魅影相比，该车的最大输出功率和峰值转矩分别降低了69马力（约51.5千瓦）和20牛·米，而0—100千米/时加速时间则增加了0.3秒。

2015年劳斯莱斯 曜影

2015年劳斯莱斯 曜影

第十章 新世纪新车型

2015年劳斯莱斯 曜影

Chapter 11 Concept&Bespoke
第十一章 概念车和定制车

虽然劳斯莱斯的消费对象不是年轻人,但并不表明劳斯莱斯汽车品牌也老气横秋,它仍然充满活力,仍然代表未来超级豪华汽车的发展方向,它的概念车理念和设计仍然让你眼前一亮和脑洞大开。

VISION NEXT 100 概念车(2016)
VISION NEXT 100

劳斯莱斯 VISION NEXT 100 是在宝马创立 100 周年时推出的一款概念车,又称 103EX 概念车,也是劳斯莱斯历史上第一款真正意义上的概念车。此车取消了方向盘和仪表板,可以实现全自动驾驶,同时,还可以将车主需要的内容显示在横跨客舱前围的巨大的有机发光二极管(OLED)显示器屏幕上。

这是一款电动汽车,它采用轮毂式电机驱动车辆前进。

客户可以自动确定爱车的造型和尺寸以及具体细节设计,允许客户设计真正属于自己的个性化劳斯莱斯。这点似乎是要找回传统的定制式个性造车方式。

第十一章 概念车和定制车

2016年劳斯莱斯 VISION NEXT 100概念车

VISION NEXT 100概念车取消了方向盘和仪表板

2016年劳斯莱斯 VISION NEXT 100概念车

2016年劳斯莱斯 VISION NEXT 100概念车

慧影定制车（2017）
Sweptail

2017年劳斯莱斯 慧影定制车

早期的劳斯莱斯汽车就是以个性定制而闻名车坛的，一直到1949年才正式开始推出冲压全钢车身的车型，但个性定制服务一直未中断。

2013年，劳斯莱斯的一位尊贵客户希望得到一辆独一无二的劳斯莱斯汽车，就像早期的买主必须到专业车身厂定制车身及内部装饰一样，他希望得到一辆造型独特的双门双座轿跑车，并且要有独特的全景天窗。这位客户与劳斯莱斯的设计团队密切合作，采用了尤其夸张的溜背式设计，同时车顶完全由玻璃覆盖，打造出完美的天幕效果。

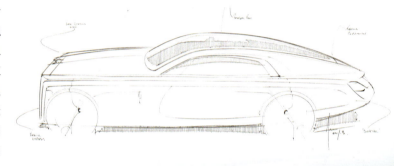

这位客户也是超级游艇和私人飞机鉴赏家与收藏家。在他的灵感触动下，设计团队将豪华游艇的一些设计理念也体现在这辆汽车尾部及内饰的设计中。

这辆完全个性定制的汽车，限量生产一辆，完全手工打造，据称定制价约1000万英镑。

第十一章 概念车和定制车

2017年劳斯莱斯 慧影定制车

手机扫一扫，即可观看
劳斯莱斯慧影定制视频

与游艇甲板设计有异曲同工之妙

2017年劳斯莱斯 慧影定制车

2017年劳斯莱斯 慧影定制车

幻影电动试验车（2011）
Phantom EE

2011年劳斯莱斯102EX电动试验车结构图

劳斯莱斯幻影电动试验车（Phantom Experimental Electric，简称Phantom EE），又称102EX，是世界上第一辆纯电力驱动的超豪华汽车。

劳斯莱斯的试验车系可以一直回溯到1919年诞生的1EX。试验车型是用来测试和评估劳斯莱斯汽车在未来会使用的新技术和新配置。和概念车不同，劳斯莱斯试验车型不是以黏土和泡沫制成，而是使用实实在在的木材、真皮以及金属，是一辆功能齐备、可驾乘的汽车。试验车为设计师和工程师提供了将创新应用于实际的机会。不仅用来展示新部件、工程技术，更可评估它们在真实情况的实用性。

幻影电动试验车采用了独创的铝合金框架，这对汽车的动力和驾乘者的安静舒适有着重要影响。但6.75升自然吸气V12发动机和6速自动变速器已经被车身后部机盖下的锂电池和两台电机所代替。这两台电机连接到一个集成的单速变速器。

每台电机的额定功率为145千瓦，为幻影电动试验车提供最大290千瓦的输出功率和800牛·米的转矩。

幻影试验电动车能达到200千米的行驶里程，0—96.5千米/时加速时间不到8秒，最高车速为160千米/时。

2011年劳斯莱斯102EX电动试验车

Chapter 12 Design & Craftwork
第十二章 设计与制造工艺

宝马得到劳斯莱斯后是另起炉灶，从零开始设计和制造全新劳斯莱斯汽车。这对新劳斯莱斯的设计者们来说是一个巨大的挑战。因为所设计的新劳斯莱斯既要具有新时代的特征，又要传承劳斯莱斯的基因，同时又要采用传统手工技艺来打造。总之，要让人相信那就是劳斯莱斯汽车。

劳斯莱斯汽车设计特点
Rolls-Royce Design Features

1998 年 7 月 28 日，宝马收购劳斯莱斯汽车业务并获得使用劳斯莱斯品牌的权利，开始实施劳斯莱斯项目：建立新工厂、成立新团队、设计全新车型。此举被称为汽车业的终极冒险。但直到 2003 年，劳斯莱斯汽车公司才揭开了新幻影的神秘面纱，为该品牌迎来了一个全新时代。

为了严格地遵循公司创建者亨利·莱斯先生的座右铭——"每件事情都力臻完美"，公司的设计与工程团队用了四年时间来研发此款具有历史意义的新车型。他们采用宝马的众多尖端技术，又从劳斯莱斯丰富的设计遗产中汲取灵感，他们的目标清晰而明确：打造一款真正值得拥有飞翔女神像的 21 世纪的劳斯莱斯汽车。

幻影作为劳斯莱斯的第一款新车型，也是旗舰车型，是在全新的英国古德伍德劳斯莱斯工厂生产的。此款车秉承了前辈的杰出精神，实现了劳斯莱斯品牌被宝马收购后的复兴梦想。

赋予幻影很强的身份特征是非常重要的，首席设计官伊恩·卡梅伦（Ian Cameron）说道："我们的首要任务是要创造这样一款车，即使你看不到它的飞翔女神像或著名的帕特农神庙式的进气格栅，你仍然一眼便可以看出它是一辆劳斯莱斯。"

帕特农神庙式的进气格栅，你一眼便可以认出它是一辆劳斯莱斯

Do You Know？
帕特农神庙

帕特农神庙规模雄伟，坐落在希腊首都雅典卫城中心的山冈上，也是卫城的最高点。帕特农神庙呈长方形，神庙基座有半个足球场那么大，46 根高达 34 英尺（约10.4米）的大理石柱撑起了神庙。帕特农神庙已成为古希腊最为经典风格的代表建筑。劳斯莱斯的进气格栅造型就源于帕特农神庙的设计。

第十二章 设计与制造工艺

为发掘劳斯莱斯的本质与精髓,设计团队开始埋头钻研这一品牌及其历史。他们找出劳斯莱斯的众多经典设计风格,并最后确定出劳斯莱斯汽车必须具备的一些特征,具体如下:

1)垂直进气格栅

虽然这样会增加一些风阻,但它可以彰显劳斯莱斯汽车的尊贵与气派。再说,劳斯莱斯汽车的主人怎么还会在乎多费些汽油呢。

2)高位置前照灯

位置较高的车灯可以照亮更广阔的区域。

3)长发动机罩

一是因为劳斯莱斯汽车基本都采用V12发动机,需要较长的发动机盖。二是长车头显得汽车更气派。

4)短前悬、长后悬

发动机放置在前轴后方,这样不仅可以增大轴距,使行驶更平稳,而且还可以使前后配重比更加合理。

5)大倾角A柱

这样设计可以使侧面线条显得更有气势。

6)宽大C柱

这样设计不仅可以增强乘坐舱的安全性,而且还可以提高乘坐舱的私密性。

7)小比例车窗

虽然车身比较宽大,但车窗并不特别"敞亮",车窗下沿比较高,这样可以增强车内的私密性。

8)车高与车轮高比例为2∶1

这是劳斯莱斯汽车保留至今的设计传统,即使2017年推出的第8代幻影,也是采用这种设计比例。这样设计不仅使车身比例更加协调、完美,而且还符合劳斯莱斯大气、尊贵的特点。

9)长轴距

长轴距可以使汽车行驶起来更加平稳,保证汽车拥有较高的舒适性。第7代幻影加长版的轴距为3820毫米。

第十二章　设计与制造工艺

10）向后打开的车门

劳斯莱斯汽车的后车门都是向后打开，与前门形成"对开门"。如果只有两个车门，它也是只向后打开。其实这种后开式车门源自马车，车门铰接于车门后部，它能够使后座乘客以最优雅的方式进出车厢，只需按一下按钮，即可将车门关闭。实际上，由于劳斯莱斯汽车的车门宽大和厚重，仅凭一个人的力量来关闭车门还是一件比较费力的活儿，因此劳斯莱斯汽车后车门的关闭动作，都是依靠电动机的帮助，这样比较轻松自如。

对开门式设计非常方便后排乘客上下车

11）流线优雅的尾部造型

劳斯莱斯汽车的尾部设计相对比较保守，其造型都是比较圆滑，不像车前部那样硬朗，这也是劳斯莱斯汽车设计的传统，彰显英国贵族的气派。

12）内部空间决定车身尺寸

劳斯莱斯汽车设计的最大诉求是乘坐舒适，而内部空间是影响舒适性的主要因素，因此必须首先保证劳斯莱斯汽车，尤其是像幻影这样的旗舰车型，其内部空间必须足够大。因而，其外部尺寸的设定原则就是要充分满足内部空间的需求。由于车轮与车身高度存在一个1∶2的固定比例，因此车轮的大小也是由内部空间大小决定的。

如果只有两个车门，它也是只向后打开。

只用最柔软的健壮公牛皮
Leather Craftsmanship

无瑕疵的真皮是劳斯莱斯汽车内饰的一个必要条件。因此,劳斯莱斯采用的真皮均来自于在无铁丝网牧场饲养的公牛,确保真皮的瑕疵少之又少。熟练的激光切削工人也小心翼翼地避免其他痕迹。

装饰一辆幻影需要15~18张牛皮,加长款幻影需要得更多。每一张牛皮都选自特定牛群,幻影只使用最柔软的健壮公牛牛皮。为找出瑕疵,每一张牛皮都经过了细心的手工检查。然后,450块牛皮由激光进行精准切割,最后由手工缝合。

为了确保颜色的统一,每一张牛皮都是同时并在同

装饰一辆幻影需要 15~18 张牛皮。

第十二章 设计与制造工艺

手机扫一扫,即可观看劳斯莱斯真皮制作视频

劳斯莱斯采用的真皮均来自于在无铁丝网牧场饲养的公牛,保证没有任何瑕疵

真皮内饰制作完全手工操作,彰显技师们的高超技艺

熟练的手工艺加上特别工具,可让真皮变得服服帖帖

一批进行染色的。这些牛皮采用桶染工艺进行染色，而非简单着色，以确保着色丰富均匀。该工艺过程还可以保持真皮更柔软，防止开裂或发出刺耳的声响，确保其耐用性和较长的使用寿命。幻影使用三种皮革：座位和装饰件使用具有天然纹理的皮革，太阳常照射区域使用预缩定型皮革，中控台和门饰件使用镶花（压花）皮革。不同的皮革可以展示出不同的美感。为皮革上色所用的桶染工艺使整张皮的着色异常均匀、鲜艳，同时还保持了皮革的天然质感、柔软性和纹理。皮革的标准颜色有13种，但是通过定制计划，客户可以选择更多颜色。

裁缝师们要根据牛皮面料的形状、纹理和质地，精确合理地进行裁切。

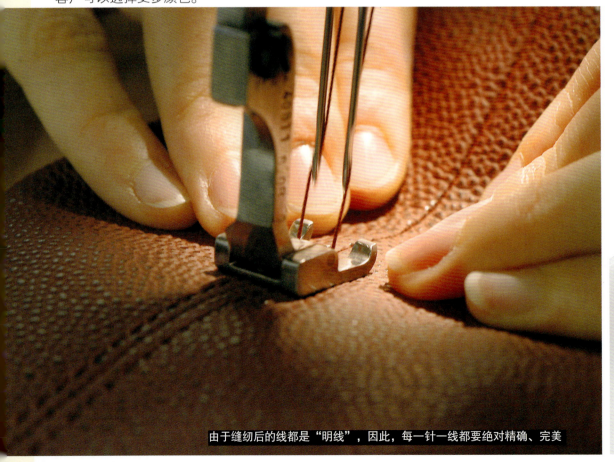

由于缝纫后的线都是"明线"，因此，每一针一线都要绝对精确、完美

第十二章　设计与制造工艺

每辆车的木饰只用同一棵树加工
Wood Craftsmanship

手机扫一扫，即可观看劳斯莱斯木饰工艺视频

每辆幻影所用木件最多可达 43 件（具体数量取决于车辆规格和配置）。每个木件都是由 28 层的木材加工制成，木件缀有薄铝板，这样可以保证强度，且可以防止木件在发生碰撞时破碎。

装饰木材取自生态森林，这些木材均经过细心挑选，具有丰富、复杂的纹理。按照木材特征挑选各种天然木纹。木饰面板专家仅挑选最高级的原木，并从其中截取非常薄的横截面。每辆车只使用由同一棵树加工的木饰面板。这不仅确保了整个内饰的纹理匹配，并且随着时间的推移，每个区域的纹理和色调的变化将保持一致。这些部件先进行手工研磨和砂磨，之后进行五层喷涂处

每块木板都是由 28 层的木材加工制成，确保日后永不变形。

理并产生镜面光泽。

标准装饰木材共有六种，包括胡桃木、枫木、榆木和黑鸡翅木等。但是通过定制计划，客户也可以定制其他种类的装饰木材。无论选择了哪一种木材，工艺师都可以将木材抛光得极为完美。大部分工艺师来自游艇制造业和精品家具制造业，他们对幻影内部所用的每一块装饰木材都按照预定要求精挑细选，仔细加工。高超的技术使每块面板左、右两侧的纹理呈镜面对称。不仅每块面板的纹理对称，而且整个车内都是对称的，工艺师为幻影营造了一个精致而独特的内部环境。

劳斯莱斯的工艺师还可以使用传统的镶嵌工艺，将客户选择的材料镶嵌到装饰木材中。无论是黄杨木交错纹还是银件装饰、珍珠母镶嵌，都可以通过该工艺来完成，使它与单一的光滑木面交相辉映。

更绝的是，劳斯莱斯还为每辆车的木饰做了详细记录，并将完全一样的木材进行了储备，一旦您的劳斯莱斯内的木饰发生破损，还可以找到厂家进行完美无瑕的修补。虽然这些储备的昂贵木材只有千分之一或更少才能用上，但劳斯莱斯要的就是这种尊贵服务，也难怪劳斯莱斯的售价是普通汽车的几十倍。

劳斯莱斯还为每辆车的木饰做了详细记录，并将完全一样的木材进行了储备，一旦您的劳斯莱斯的木饰发生破损，还可以找到厂家进行完美无瑕的修补

第十二章 设计与制造工艺

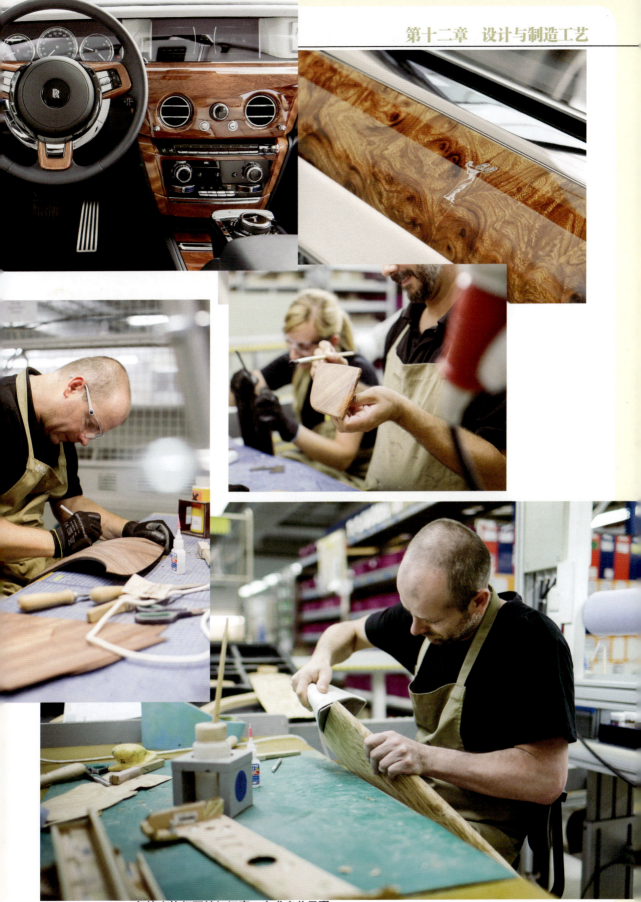

每块木饰都要精打细磨,力求完美无瑕

画解劳斯莱斯 揭秘劳斯莱斯汽车独门绝技 精装典藏版

幻影采用铝合金车身架构
Body Welding

手机扫一扫，即可观看劳斯莱斯车身制造视频

劳斯莱斯现在主要有两款车型，即幻影（Phantom）和古思特（Ghost）。其中幻影的车身采用轻型铝合金空间架构，而古思特则采用钢制架构。

一辆幻影的车身架构由200多个铝制部件构成，据称它的坚固性可以媲美一级方程式赛车。如同一块精密仪表一样，车身架构完全由熟练技师通过辛苦的手工焊接打造而成。一辆幻影的焊缝约为120米，而且每一个车体结构都用激光进行精细检测，以确保其精确度在几分之一毫米之内。

焊接完毕后，完整的车架结构将被置于计算机辅助加工平台上，由专业人员以极高的精准度打磨每一个主要焊点，使其达到完美无瑕的品质。

幻影所用轻型铝合金及复合材料使幻影整车重量大大降低，6米多长的车身（加长款）在空载时只有2670千克。幻影只有行李箱盖是由钢板制成的，这也是为了保持与宝马汽车一致的50/50前后重量分配比，使操控更加出色。

但是，劳斯莱斯幻影的

劳斯莱斯幻影采用全铝车身，这让这个大家伙的重量减轻了不少，净重只有2670千克。

第十二章　设计与制造工艺

铝合金车架却是在德国预先制造好，然后运送到英国萨塞克斯郡境内的古德伍德劳斯莱斯工厂。古德伍德劳斯莱斯工厂是宝马获得劳斯莱斯品牌后在英国重新建设的一家装配厂。而原来位于克鲁郡的劳斯莱斯工厂则留给了大众汽车集团作为宾利的生产基地。

幻影采用铝合金车身架构

铝制车身比钢制车身轻 40%。

幻影的铝合金车架是在德国预先制造好，然后再运送到英国。

7天才能完成一个喷漆流程
Paint Craftsmanship

光亮如镜,用在劳斯莱斯身上比较靠谱。和其他汽车一样,劳斯莱斯汽车的涂装工艺也分五个步骤:

1) 使用磷酸盐电镀层进行防腐蚀保护,也就是对白车身进行电泳。

2) 车身上喷一层底漆。

3) 为车身涂上颜色,也就是喷涂带有颜色的面漆。幻影为了突出豪华高贵,它要喷涂五层面漆,如果为双色车身,则要喷涂七层面漆。

4) 喷上一层清漆,用来保护车身上的面漆,不让面漆直接接触外界。

5) 对喷涂完毕的车身进行5小时的手工抛光,直至达到如镜面一样光亮为止。一辆劳斯莱斯幻影的喷漆流

手机扫一扫,即可观看劳斯莱斯喷漆工艺视频

用机器人完成喷涂作业,不仅可以使漆层更加均匀,而且还能减少出现瑕疵的可能性,因为机器人完全可以在一个严格封闭的空间内进行作业,不会给车身油漆带来任何尘埃。

第十二章　设计与制造工艺

程需要 7 天才能完成。

客户可以从 15 种标准面漆颜色中任意选择，而客户定制计划则可提供 4.5 万种不同色调。

根据劳斯莱斯传统，用户可以要求车身装饰线条为单条或双条。线条约 6 米长，完全水平，全部由手工绘制，而绘制一条线需要 3 个工时。

底漆喷涂对车身防护非常重要，它的质量优劣也影响面漆的喷涂，要求底漆喷涂非常均匀，因此这项工作由机器人完成

在每层喷涂之间，都要对车身进行手工砂磨

每辆幻影都会喷涂五层面漆和一层清漆

按航空制造工艺打造发动机
Engine Production

劳斯莱斯幻影采用 6.75 升的 V12 发动机，可以在 5.9 秒内将重达两吨半多的幻影从静止加速到 100 千米/时。在宝马强大的发动机技术的支持下，这台著名的 6.75 升发动机动力也非常强大，但要将它的动力输出达到如丝绢般的顺滑、稳定和安静，主要得依靠劳斯莱斯独创的制造和测试技术了。劳斯莱斯发动机的许多部件采用和航空发动机一样的制造工艺和标准，如采取同样的万分之一英寸误差标准。每台发动机要在检测台上通过两小时的检测，包括检测发动机的安静性和稳定性等。技师们的检测手段也非常独特，他们使用一根机油标尺，一端放在发动机上，一端则放在耳朵上仔细倾听，这比医生的听诊器还要灵敏。劳斯莱斯轿车异常平稳，以至于把一枚硬币放在汽车发动机盖顶上，起动车辆时竟纹丝不动。

同时在生产过程中还有特别的抽检。每生产 100 台发动机就要抽出一台放进实验室进行完全拆解，也就是拆解成不能再拆解的零件，并与原始设计图样进行仔细比对，然后再重新组装并放入生产线中。

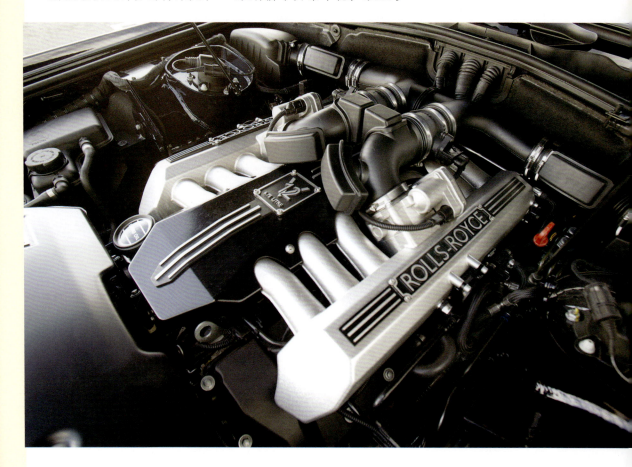

第十二章　设计与制造工艺

用以检测车身钣金缝隙大小的专业工具

每辆劳斯莱斯大概由8000多个零件组成

生产线每天只走几米
Assembly Line

劳斯莱斯汽车仍主要采用手工打造。手工组装一辆幻影车平均需要460个工时，这还不包括发动机和车身的组装时间。从零开始制造一辆幻影，大概需要3~5个月才能制造完毕。制造中的每一步骤都要完全满意后才会继续下一步，因此生产线每天只前进几米。每辆劳斯莱斯大概由8000多个零件组成，其中大多数部件都是在劳斯莱斯自己的工厂制造的，这样既可以确保每个零件的质量，也使劳斯莱斯的寿命是普通汽车的数倍。

手机扫一扫，即可观看劳斯莱斯装配工艺视频

在组装过程中容易弄脏或碰到的地方，要一直用护垫覆盖着。

劳斯莱斯组装线上看不到紧张的气氛

121　陈总编爱车热线书系

画解劳斯莱斯　揭秘劳斯莱斯汽车独门绝技　精装典藏版

车身与底盘即将结合在一起。

安装立在车前端的飞翔女神标志

装配完成后的幻影接受质量检验

装配完成后的幻影接受密封性测试

手机扫一扫，即可观看劳斯莱斯出厂检验视频

为客户量身定制个性劳斯莱斯
Rolls-Royce Bespoke

手机扫一扫,即可观看劳斯莱斯个性定制视频

虽然幻影的选配内容非常丰富,但是通过定制计划,客户还可以要求提供那些其他车辆通常不太可能提供的功能,从而拥有一辆完全个性化的汽车,事实上65%的劳斯莱斯客户都会这么做。例如,将喷漆或皮革颜色指定为同一种颜色,或者要求使用某种罕见木料来为幻影内饰增色。

客户可以要求在他们的幻影车内皮革上刺绣以彰显个性化,设计师可以满足客户的任何要求,无论是刺上简单的首字母缩写还是复杂的图像。也可以定制有文字或图片的标牌,主题也许会是车主的名字、盛世庆典或珍藏限量版。

幻影的杂物箱可以改装为其他用途,根据定制计划,客户可以选择安放自来水笔或雪茄盒,它们也许会配以车后部餐桌上的皮革书写垫或定制烟灰缸。对幻影车身所做的修改,使本已宽敞的行李箱被进一步扩展,可以多放置一个85升的行李箱,这样就能容纳四个大号行李箱。

定制计划可以满足客户的任何需求,无论您的要求是提供24K金的飞翔女神像,还是特别造型的排气管,所有事都是可能的。

只要车主能提出具体的雕花要求,劳斯莱斯的技师们就能做到。

陈总编爱车热线书系畅销图书

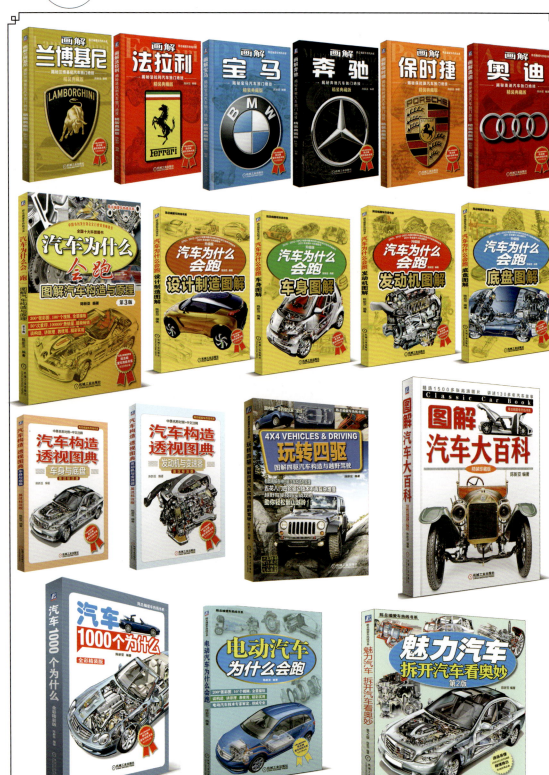